Eduard von Moor

Geschichte der ehemaligen Reichsstadt und jetzigen Bundesfestung Landau

Eduard von Moor

Geschichte der ehemaligen Reichsstadt und jetzigen Bundesfestung Landau

ISBN/EAN: 9783743397903

Hergestellt in Europa, USA, Kanada, Australien, Japan

Cover: Foto ©ninafisch / pixelio.de

Manufactured and distributed by brebook publishing software
(www.brebook.com)

Eduard von Moor

Geschichte der ehemaligen Reichsstadt und jetzigen Bundesfestung Landau

Geschichte

der

ehemaligen Reichsstadt und jetzigen Bundesfestung Landau.

Von

Eduard von Moor,
königlich bayerischen Major, MrFDH etc.

Landau.

Druck und Verlag von Ed. Kaußler.

1866.

Vorrede.

Die Geschichte der ehemaligen freien Reichsstadt und jetzigen Bundesfestung Landau in der Pfalz ist schon zweimal, ebenso ausführlich als gediegen, in:

„Geschichte der Stadt und Bundesfestung Landau," von Birnbaum, Kaiserslautern 1830, und „Urkundliche Geschichte von Landau" ꝛc. ꝛc. von Lehmann, Neustadt a/H. 1851, behandelt worden. Nichts desto weniger habe ich es unternommen, das gegenwärtige Werkchen über: Landau und seine wechselvollen Schicksale in kurzen und allgemeinen Zügen zusammenzustellen, indem ich hoffe, — durch die übersichtlichere Behandlung des Stoffes —, nicht allein dem Bürger dieser in der Geschichte des deutschen Vaterlandes hochberühmten Stadt, sondern auch jedem Freunde allgemeiner Weltgeschichte ein interessantes und klares Bild älterer und neuerer Geschichte vorführen zu können.

Ich habe bei Bearbeitung der nachfolgenden historischen Skizzen die vorgenannten Werke, und zwar vorzugsweise Lehmann's Geschichte von Landau, diese mit Zustimmung des Herrn Verfassers, meines sehr geehrten Freundes, zu Grunde gelegt, und wurde überdies noch vom Herrn Controleur und Stadtschreiber Himmelspach durch bereitwilligst gemachte Mittheilungen und Notizen bestens unterstützt, wofür ich den beiden genannten Herren meinen ergebensten Dank hier auszusprechen mich verpflichtet fühle.

Landau, im Mai 1866.

E. v. M.

Inhalt.

	Seite
Einleitung	1
Frühere Geschichte der Gegend	3
Gründung der Stadt Landau	7
Lage der Stadt	9
Kirchliche und Wohlthätigkeits-Anstalten	10
Ursprüngliche Gerichts- und Verwaltungsordnung	16
Vom Jahre 1291 bis 1324	18
Unter der Pfandschaft der Bischöfe von Speyer von 1324—1521	21
Während der Pfandschaft	25
a) Gebietserweiterung, Verträge	25
b) Die Pest, die Judenverfolgung, die Geißler, Hexenprocesse	27
c) Adel und Zunftwesen	29
d) Gerichtsordnung und Verwaltung	30
e) Polizeiliche Anordnungen	32
f) Befestigung und Sicherheitsdienst	34
g) Vehmgerichte, Fehden	37
Einverleibung in die Reichsstädte des Elsaßes. Bauernkrieg, Wiedertäufer	38
Die Zeit der Reformation	40
Während des dreißigjährigen Krieges, 1618—1648	46
Landau unter französischem Schutze von 1650—1697; von 1697 unter französischer Herrschaft	50
Landau von den Franzosen befestigt	56
Die vier ersten Belagerungen Landau's; vom Frieden zu Ryswick bis zum Frieden von Baden, von 1697 bis 1714	59

	Seite
Vom Frieden von Baden bis zur französischen Revolution, von 1714—1789	64
Ausbruch der französischen Revolution, Periode von 1789 bis 1794. Fünfte Belagerung Landaus im Jahre 1793	66
Das Jahr 1794	72
Von 1799—1816. Erste Cernirung Landaus im Jahre 1814, zweite Cernirung der Festung im Jahre 1815 . .	75
Landau unter königlich bayerischer Herrschaft	81
Verzeichniß der Gouverneure oder ersten Commandanten von Landau, in so weit solche bekannt . . .	91
„ „ Maires und Bürgermeister der Stadt, von der französischen Revolution an	63
Kurze chronologische Uebersicht der Hauptmomente in der Geschichte der Stadt und Festung Landau	94

Einleitung.

Ueber den Ursprung Landau's wurde in früheren Zeiten vielerlei gefabelt, wodurch natürlich die abenteuerlichsten Angaben entstanden:

Diesen zufolge wurde die Entstehung der Stadt in die Jahre vor der christlichen Zeitrechnung verlegt, und soll der römische Feldherr Julius Cäsar sie erbaut, und ihr den Namen Vicus Julii beigelegt haben. Als dieser Ort später vom Hunnenkönig Attila zerstört worden, habe ein fränkischer Landverweser, Landobert, hier die Burg Landenberg erbaut, und sei das dabei entstandene Dorf in der Folge Landau benannt worden. — Der sagenhafte König Dagobert V. von Kleinfrankreich habe im 7ten Jahrhundert Landau zum Marktflecken erhoben, und daselbst eine Kirche und Abtei errichtet, in welch' letzterer er auch beerdigt worden sei. Unter Carl III. dem Dicken sei Landau i. J. 886 an das deutsche Reich gekommen; Kaiser Otto habe den Flecken zur freien Stadt des Reiches erhoben, mit großen Gerechtsamen versehen, und Kaiser Friedrich der Rothbart habe diese i. J. 1152 erneuert und bestätigt.

Aus den nachfolgenden urkundlichen Aufschlüssen wird sich die Nichtigkeit aller dieser Angaben herausstellen:

Daß die Römer, welche vom Jahre 58 vor bis 407 n. Chr. die heutige Rheinpfalz beherrschten, in der Umgegend des heutigen Landau's feste Wohnsitze hatten, läßt sich wohl nicht bezweifeln: namentlich deuten die größeren Funde aus der Römerzeit, welche zu Nußdorf, Frankweiler, Gobramstein, Arzheim, Impflingen, Edesheim und Essingen gemacht wurden, auf bedeutende Niederlassungen dieser Welteroberer. In der Stadt Landau hat sich aber noch nie ein Gegenstand römischen Ursprungs vorgefunden.

Das Mährchen von Dagobert V. bedarf keiner Widerlegung, weil es nur zwei dieses Namens gab.

Ferner erscheinen alle umliegenden Orte und Dörfer schon vom 8ten Jahrhunderte an bis zum 12ten bereits urkundlich, während dem das Bestehen Landau's erst in der Mitte des 13ten Jahrhunderts nachgewiesen werden kann; — endlich finden sich auf der ältesten Karte, welche man vom Speyergau besitzt, die Namen der um das heutige Landau herumliegenden Dörfer eingetragen, während jener von Landau fehlt, was gleichfalls für das weit höhere Alter dieser Dörfer spricht.

Frühere Geschichte der Gegend.

Die Umgebung des heutigen Landau's gehörte früher zum Speyergau, dessen Grenzen gegen Osten der Rhein, gegen Süden der Selzbach, gegen Norden die Jsenach bildeten, und gegen Westen sich in den Vogesen verloren. Die Herrschaft über diesen Gau, die Gaugrafschaft, war anfangs mit der Kaiserwürde verbunden, wurde aber später in eine Landvogtei verwandelt, vom Kaiser Philipp von Schwaben im Jahre 1206 dem mächtigen Grafen **Friedrich** I. von **Leiningen**, dessen Familie auch der ganze Wormsgau zugehörte, verliehen, und von den spätern Kaisern dem Sohne und Enkel jenes Grafen von Leiningen übertragen. Um dieser Würde des Landvogts, der in des Kaisers Namen Recht sprach und den Gau verwaltete, mehr Nachdruck und Ansehen zu verleihen, erhielten diese Grafen von Leiningen nach und nach als kaiserliche Lehen: die Reichsburg **Landeck**, die Reichsveste **Madenburg** und die Vesten und Herrschaften **Lindenbronn**, **Grevenstein**, **Gutenberg** und **Falkenburg**. Die Gerichtssitzungen des kaiserlichen Landvogts wurden nach damaliger Sitte, unter freiem Himmel, zwischen **Godramstein** und **Frankweiler** auf dem sog. **Stahlbühel** abgehalten, und der Ort dieser öffentlichen Gedinge, die Tingstätte, der **Lutramsforst** benannt.

Da, wie bereits erwähnt, die um das heutige Landau herumliegenden Dörfer älteren Ursprungs sind, so wollen wir hier die wenigen Nachrichten mittheilen, welche uns vor der Gründung der Stadt von jenen Dörfern überkommen sind, welche später zur Stadt gehörten, wie Dammheim, Nußdorf und Queichheim, und von jenen, deren Bänne die jetzige Gemarkung Landau's bilden, wie die ausgegangenen Dörfer Oberbornheim, Eutzingen, Servelingen und Mühlhausen.

Dammheim, früher Dameheim, soll i. J. 960 nur ein Dinghof gewesen sein, wird aber bereits in diesem Jahre in einem Tauschbriefe genannt, kömmt später im Jahre 1240 in einer anderen Tausch-, und i. J. 1250 in einer Kaufurkunde vor, und erscheint i. J. 1279 ausdrücklich als ein Dorf. Ritter scheinen in Dammheim keine gewohnt zu haben.

Nußdorf, früher Nusdorf, Nosdorf, Nosz- dorf, Nuzdorf und Nozdorf geschrieben, ist wohl das älteste der hier angeführten Dörfer, und kommt zuerst i. J. 960 in einem Tauschbriefe, und i. J. 1046 in einer Schenkungs-Urkunde vor. Da Nuß- dorf später zur Reichsfeste Madenburg gehörte, so legten sich einige adelige Burgmänner, die entweder eigene oder Lehengüter in Nußdorf besaßen, den Namen des Dorfes bei: So kommen i. J. 1164 ein Ritter Heinrich von Nußdorf, i. J. 1253 ein anderer Ritter Heinrich, i. J. 1260 dessen Sohn Gerung, i. J. 1278 Ritter Friedrich, i. J. 1283 ein anderer Ritter Gerung, und i. J. 1284 Ritter Anselm von Nußdorf vor.

Queichheim ist ebenfalls alten Ursprungs, obwohl erst 1235 eines Ritters Diether, der dort eine

Burg hatte, und i. J. 1297 eines Ritters Hartmann von Queichheim in Urkunden erwähnt wird.

Brunheim oder Oberbornheim lag nordwärts der Stadt, und zwar zwischen der heutigen Horstschanze und dem Dorfe Dammheim. Es erscheint schon im Jahre 900 in einer Urkunde Kaiser Ludwig des Kindes; spätere Schenk= und Kaufurkunden datiren aus den Jahren 1237, 1271, 1273 und 1278. Nach urkundlichen Aussagen der Bürgermeister und Schöffen von Landau war dieses Dorf i. J. 1285 bereits größtentheils, und i. J. 1309 gänzlich eingegangen und seine Gemark mit jener der Stadt vereinigt; nur die St. Justins=Kapelle blieb noch bis Ende des 15. Jahrhunderts stehen, und wurde bis dahin von einem eigenen Caplan der Landauer Steigerherren versehen.

Eutzingen, auch Utzingen, Hutzingen und Uitzingen geschrieben, lag auf der Südseite der Stadt, an der Stelle des heute noch vorhandenen sog. Eutzinger=Brunnens. — Es wird seiner schon i. J. 817 in einer Schenkungs= und i. J. 1234 in einer Kaufs=Urkunde von Gütern erwähnt. Von diesem Dorfe benannten sich einige Ritter wegen ihrer dortigen Besitzungen: so finden wir 1253 und 1256 den Ritter Theodorich von Utzingen, und 1312 und 1319 die Wittwe des Ritters Johannes von Utzingen angeführt. Dieses Dorf erhielt sich etwas länger als Oberbornheim, und seine Kirche bestand noch gegen Ende des 15ten Jahrhunderts, wo sie dann auch verschwand.

Servelingen, früher Servilingen und Serfelingen, lag zwischen Arzheim und Godramstein auf dem sogenannten Rosenberg. Der Name dieses Dorfes kommt i. J. 1100 in einer Schenkungs- und i. J. 1305 in einer Kaufs-Urkunde vor, auch benannte sich nach ihm eine Ritterfamilie. Das Dörfchen ging gleichfalls nach und nach ein, und seine Gemark theils in die von Arzheim, theils in jene von Landau über. Nur die Capelle des Orts und der Leichenhof erhielten sich noch länger, bis endlich erstere zerfiel, und letzterer in Ackerfeld umgewandelt wurde; der noch vorhandene verstümmelte Grabstein eines Ritters von Vogelsang deutet noch die Stätte an, wo sich beide befanden.

Mühlhausen, vor Alters Mulinhusen, Mulinhusa, Mülnhusen und Mülhusen geheißen, war das bedeutendste der eingegangenen vier Dörfer, hatte eine eigene Pfarrei und einen Wochenmarkt, lag am nächsten bei der Stadt auf deren westlicher Seite, in der Gegend der heutigen Spitalmühle, und sein Bann stieß mit dem von Wollmesheim am Landauer Wege zusammen. Mühlhausen kommt bereits im Jahr 800 urkundlich vor, und wird seiner später in den Jahren 1186, 1270, 1306, 1315 und 1318 in Urkunden erwähnt; auch hatte sich eine abelige Familie den Namen von diesem Dorfe beigelegt. Die Pfarrei Mühlhausen bestand noch gegen Ende des 15. Jahrhunderts, ging aber später ein, und von der ehemaligen Kirche sowie von dem Dorfe ist gegenwärtig jede Spur verschwunden.

Gründung der Stadt Landau.

Graf Emich IV. von Leiningen war i. J. 1256 vom deutschen Kaiser Richard von England zum Landvogt des Speyergaues ernannt worden.

Es ist nun wohl nicht ausgemacht, ob Graf Emich während der unruhigen und ungesetzlichen Zeiten des Interregnums, wo das deutsche Reich sich selbst und dem Faustrechte überlassen war, dem seiner Verwaltung anvertrauten Gaue einen festen Stützpunkt und eine sichere Zufluchtsstätte verschaffen wollte, — oder ob er durch Anlage einer Stadt die Macht und das Ansehen seiner Familie zu erhöhen, — oder nur dem stark bevölkerten Gaue in der neuen Stadt einen festen Vereinigungspunkt seiner Kräfte und Thätigkeit zu bieten beabsichtigte.

Jedenfalls bleibt es ein glücklicher und segensreicher Gedanke, daß Graf Emich, in der Mitte des Gaues, vor dem Eingange in die Vogesenthäler, in einer fruchtbaren, bevölkerten und gut bewässerten Gegend, eine feste und haltbare Stadt anlegte, das Terrain hiezu zwischen den nahe bei einander liegenden Orten: Oberbornheim, Eutzingen, Mühlhausen und Servelingen auswählte, deren Bewohner allmählig zur Uebersiedlung veranlaßte, und die Bänne der drei erstgenannten Dörfer zur Mark der neuen Stadt vereinigte.

Diese Schöpfung erhielt den Namen Landow (des Landes Aue), der sich im Laufe der Zeit in Landavium, Landavie, Landauwen, Landaugia,

Landowen, Landowe, Landau veränderte. Im 17. Jahrhunderte heißt es gewöhnlich Landaw, und erst seit dem 18. Jahrhunderte wird durchgängig Landau geschrieben.

Die erste urkundliche Nachricht von dem Dasein dieser Stadt findet sich in einer Verschreibung vom Jahre 1286, in welcher Graf Emich IV. Landau eine Stadt, und ausdrücklich seine Stadt benennt, (in civitate nostra Landowe). Vorher, i. J. 1274, hatte schon Kaiser Rudolph I. auf Bitten dieses Grafen Emich genehmigt, daß allwöchentlich in Landau ein Markt auf Mittwoch abgehalten werde, und dieser Bewilligung noch die hohe Gnade beigefügt, dem Flecken (oppidum) Landau alle Rechte und Freiheiten zu verleihen, wie solche die Reichsstadt Hagenau besaß. Hiedurch wurde der Grund zu raschem Aufblühen der Stadt gelegt.

Als im Juni 1291 Kaiser Rudolph I., der edle städtefreundliche Habsburger, Landau besuchte, erklärte dieser große Wohlthäter der Stadt in einem ersten Patente alle Bürger, ohne Unterschied der Geburt und des Standes, für lehensfähig, — in einem zweiten verlegte er den Donnerstag=Wochenmarkt von dem nahen Dorfe Mühlhausen nach Landau, — und in einem dritten erhob er den Marktflecken Landau, „eine gleichsam neue Pflanzung," zur freien Reichsstadt, und verlieh der Bürgerschaft („meinen modernen Bürgern") das Beholzigungsrecht in den beträchtlichen Haingeraidtewalbungen*) in eben dem Maße, wie es die daran theilhabenden Dörfer besaßen und genossen; — eine für das Gedeihen der Stadt folgewichtige Wohlthat.

Lage der Stadt.

Die Stadt Landau liegt zwischen dem 25. und 26. Grad der Länge, und dem 49. und 50. Grad der Breite, in einer äußerst freundlichen und fruchtbaren Ebene, etwa anderthalb Stunden vom Fuße der Vogesen, und ungefähr im Mittelpunkt der Städte Weissenburg, Speyer, Neustadt, Germersheim und Annweiler. Die Ausläufer der Vogesen ziehen auf der Nordseite (Nußdorfer-Höhe) und auf der Südseite (Wollmesheimer- und Impflinger-Höhe) nahe an die Stadt heran, bilden hier ziemlich hohe Hügel, die sich aber nach und nach in sanften Wölbungen verlieren. Die nördlichen Anhöhen sind auf ihrer Mittagsseite mit Weinreben und Obstbäumen, die südlichen Anhöhen mit Getreide und andern Felderzeugnissen

---

*) Nach einer alten Sage soll König Dagobert im 7ten Jahrhunderte den Bewohnern von Vogesus bis zum Rheine die Wälder und Waldgegenden, die von Straßburg bis gegen Dürkheim a. H. herabziehen, zur gemeinschaftlichen Benützung überlassen haben. Hieraus bildeten sich 16 Waldgenossenschaften, sogenannte Haingeraibten. Durch obige Verleihung des Kaisers Rudolph fiel der Stadt Landau das Beholzigungsrecht in der unteren Zent der 7ten Haingeraibte zu.

angepflanzt, im Westen zieht sich ein schöner Wiesengrund zwischen Weinbergen und Ackerland gegen das Annweiler Thal hinauf, und gegen Osten breitet sich eine unübersehbare Ebene aus, auf der die fruchtbarsten Getreidefelder mit Wiesen und Waldungen abwechseln. Die Queich oder der Queichbach, welcher beim Dorfe Hauenstein, in einem Seitenthal des Annweiler Thals, 6—7 Stunden oberhalb der Stadt entspringt, dieses Thal durchzieht, und bei Germersheim in den Rhein mündet, theilt Landau in zwei Hälften, wovon die nördliche Hälfte größer als die südliche ist. Unstreitig ist die Lage Landau's eine der lieblichsten der ganzen Pfalz, und schon die ältesten Chronikenschreiber sprachen mit wahrem Entzücken von der Schönheit und Fruchtbarkeit der Gegend.

Kirchliche und Wohlthätigkeits-Anstalten.

Die neue Stadt Landau lag Anfangs in dem Pfarrsprengel von Queichheim. Mit der zunehmenden Bevölkerung der Stadt wuchsen aber auch die religiösen Bedürfnisse der neuen Bürger. Als daher Graf Emich von Leiningen im Jahre 1276 einige Augustiner-Mönche, „von der Steige" genannt, aus dem Mutterkloster von Elsaßzabern des Bisthums Straßburg kommen ließ, und ihnen einen Platz für Erbauung eines Klosters und einer Kirche anwies, mußte er sich zuvor mit dem Pfarrer von Queichheim abfinden, und die Genehmigung des Bischofs von Speyer und sodann des Papstes Honorius IV. erholen, welche auch im Jahre 1285 erfolgte. Nun wurde sogleich mit dem Bau des Klosters und der Kirche begonnen, der massive hohe Thurm aber erst i. J. 1349, und der Kreuzgang i. J. 1362 erbaut. Das Kloster wurde ein Priorat des Mutterklosters zu Elsaßzabern, erhielt den Namen: Monasterium Sanctae Mariae de Steiga, später den: Monasterium beatae Virginis Mariae ad Scalas, und die Mönche nannte man kurzweg: „Steigerherrn." Diese verdrängten i. J. 1289 den Stadtpfarrer durch einen Proceß, und rissen die Stadtpfarrei an sich. Das Priorat wurde i. J. 1483 in ein weltliches Chorherrnstift verwandelt, und bestand anfangs aus einem Dechant, 8 Chorherrn und 6 Vikaren, deren Zahl aber in Folge der Reformation sich später bedeutend verringerte.

Im Mittelalter war um die Kirche herum der vordere und der hintere Leichenhof; der bereits erwähnte Kreuzgang umschloß den vorderen, und die Wohnungen der Steigerherren den hinteren Kirchhof; rechts stand das Rathhaus, welches i. J. 1435 und 1436 von Grund aus neu erbaut wurde, (an der Stelle des jetzigen dem Kaufmann Cappeller gehörigen Hauses); diesem gegenüber war das große Wirthshaus „zum Bart," und auf der andern Seite der Kirche die Herberge zum „Maulbaum;" — die übrigen Häuser lagen etwas zurück, und der Brunnen stand in der Mitte des hier befindlichen Marktplatzes, des belebtesten Theiles der Stadt.

Am 3. August 1649 schlug der Blitz in den Kirchthurm, dessen oberer Theil abbrannte, die in demselben hängenden Glocken zerschmolzen, die außen hängende Sturm-Glocke fiel auf das Pflaster herab, und die Kirche konnte nur mit Mühe gerettet werden. Die geschmolzenen Glocken wurden i. J. 1651 umgegossen, und der abgebrannte Helm des Thurmes i. J. 1656 neu aufgebaut. — In den Belagerungen von 1702, 1705, 1704 und 1713 litten die Stadtkirche und der Thurm durch Brand und Kugeln bedeutend: i. J. 1705 mußte die große Glocke, welche in der Belagerung des Vorjahres geschossen worden, wieder umgegossen, und i. J. 1706 die Kuppel des Thurmes durch eine neue ersetzt werden. Trotz dieser Beschießungen und der vielen Verheerungen, welche die Stadt durchgemacht, hat sich die Kirche bis auf das auf mächtige Säulen gestützte und wahrscheinlich durch Feuer geborstene Hauptgewölbe noch sehr gut erhalten. Der Haupteingang zum Thurme war oben mit steinernen Figuren geziert, welche, da sich die „heiligen drei Könige" darunter befanden, 1794 zur Zeit der Republik weggemeiselt werden mußten. Im Jahr 1822 wurden Kirche und Thurm einer umfassenden Ausbesserung unterworfen. Von den alten Klostergebäuden findet sich gegenwärtig nichts mehr vor, indem die vorhandenen und jetzt zu anderen Zwecken verwendeten erst im vorigen Jahrhundert errichtet wurden. Im Chor der Kirche befindet sich das Grabmal des Oberlandvogts des Elsaßes unter der Regierung Ludwigs XIV., des französischen Generals von Montclar. — Seit der Reformation dient das Schiff der Kirche sowie das Geläute der Glocken zum gemeinschaftlichen Gebrauche der Katholiken und Protestanten, der Chor aber zum ausschließlichen Dienste der Ersteren.

Von einem anderen Kloster des Augustiner-Eremiten-Ordens ist uns das Jahr seiner Stiftung unbekannt, doch bestand es schon um das Jahr 1317 und sollen die Kirche und die Conventsgebäude in den Jahren 1405—13 vollendet worden sein. Dieses Kloster stand unter Aufsicht des Magistrats, woraus die Annahme gefolgert werden kann, als sei es durch den Rath oder die Bürgerschaft gestiftet worden. Im Jahre 1507 wurde eine Pfründner-Anstalt damit verbunden. Die Mönche gaben sich mit dem Unterrichte der katholischen Jünglinge ab. Dieses Kloster ist, wie alle andern, in der französischen Revolution aufgehoben worden, doch sind die alte Kirche, die neueren Conventsgebäude und der schöne Kreuzgang noch vorhanden, und dienen erstere gegenwärtig zum Zeughause und letztere zum Sitze der Artillerie-Direction. — Die während der französischen Revolution auf der Spitze ihres schönen gothischen Thürmchens angebrachte Jacobinermütze wurde i. J. 1860 bei einer Dachreparatur entfernt.

Eine dritte ehemalige Kirche, die Catharinen-Capelle genannt, stand hinter dem Kaufhause, und ist i. J. 1344 erbaut worden. Sie gehörte Klaußnerinnen, deren Kloster daneben auf dem Platze lag, wo das erst kurz eingegangene Gasthaus „zur Blume" steht.

Außerdem gab es noch Begutten oder Beguinen in Landau, welchen Nonnen vom Jahre 1508 an die Pflege der Kranken in der Stadt anvertraut war. Später wurden die Beguinen hier, wie überall aufgehoben und ihre Klause i. J. 1527 zum deutschen Schulhause verwendet. (Wo ihr Kloster gelegen, ist nicht ausgemacht. Einige nennen den Platz an der Einlaßschleuße, wo jetzt das Pulvermagazin Nr. 110 steht; andere behaupten, daß sie ihre Wohnung in dem, bei dem jetzigen Militär-Gefängniß — oder Galeerenthurme befindlichen sogenannten „Burghofe" hatten.)

Die im Hofe der der Stadt zuständigen Herberge zum „Maulbaum" (Maulbeerbaume) schon i. J. 1322 gebaute Capelle zu St. Urban, scheint nur ein Bethaus gewesen zu sein.

Im Jahre 1753 erhielten Kapuziner die Erlaubniß, ein Hospitium, jedoch ohne Capelle noch Thurm, auf einem ihnen geschenkten Platze zu bauen. Dieses Hospitium, das sogenannte Klösterle, wurde in der Revolution in ein Militär-Gebäude verwandelt, und ist es heute noch, da sich das Festungs-Auditoriat in demselben befindet.

Endlich stand noch i. J. 1702 eine Capelle, links hart am Wege nach Nußdorf, an der Stelle der jetzigen Speyrer-Schanze Nr. 51, welche zur Herberge armer Reisenden oder zur Unterkunft von siechen Personen diente, und das „Gutleuthäuschen" genannt wurde. Dieses wurde i. J. 1684 unter französischer Herrschaft dem Orden der Jesuiten zur Verwaltung übergeben, von diesem i. J. 1685 an den Stadtcommandanten abgetreten, der eine Wirthschaft darin errichtete. Im Jahre 1701 wurde das Gute=leute=Haus mit dem Bürgerspital der Stadt wieder vereinigt und seinem ursprünglichen Zweck wieder zu=gewendet; am 11. November desselben Jahres aber, — um das Terrain vor der neuangelegten Citadelle frei zu machen, abgerissen. Das Gutleuthaus be=stand aus einem 3stöckigen Hauptgebäude mit 2 Flü=geln und einer kleinen Capelle.

Der außerhalb der Stadt gelegenen Kirche zu St. Justin von dem ausgegangenen Dorf Ober=bornheim haben wir bereits erwähnt.

Ueber den Ursprung des bedeutenden Bürger=spitals fehlt alle nähere Auskunft, da alle Docu=mente durch Brand zu Grunde gegangen sind. — Das=selbe war für alte oder gebrechliche Leute und für Waisen bestimmt, stand an der Stelle des heutigen Bürgerhospitals, und befanden sich außer den Armen und Kranken, auch reiche Pfründner in demselben, welche sich in dasselbe eingekauft, oder dem Spitale ihre Besitzungen erblich und eigenthümlich überlassen hatten. — Beim großen Brande des Jahres 1689 brannte auch das Bürgerspital ab, wurde aber i. J. 1693 wieder aufgebaut.

Die Aufsicht über dasselbe war zwei Rathsherrn, die man „Spitalpfleger" nannte, und die Verwaltung dem „Spittelmeister" und seinem „Spittelschreiber" an=vertraut. — Wer an Sonn= und Feiertagen den Got=

tesdienst in der Spitalcapelle zu versehen hatte, kann nicht mit Bestimmtheit angegeben werden.

Ursprüngliche Gerichts- und Verwaltungsordnung.

Nach ihrer Gründung stand die Stadt unter Leiningischer Hoheit, und war ein Eigenthum dieser Grafen, welche daselbst einen Vogt hatten, unter dessen Botmäßigkeit die Bürger standen. Als aber Landau i. J. 1291 zur freien Stadt des deutschen Reiches erhoben worden, hörte dieses abhängige Verhältniß auf, und an dessen Stelle trat die Selbstständigkeit. Die Kaiser hielten wohl auch einen Vogt in Landau, aber nur um die Stadt im Namen des Reiches zu beschützen, und des Kaisers Rechte und Gebühren, den sogenannten Königszins, zu erheben.

Das Gericht bestand anfangs aus 12 Schöffen mit einem vom Kaiser ernannten Schultheißen, welch' letzterem das Recht zustand, den Gerichtsschreiber und den Büttel zu ernennen. Diese Schöffen genossen große Vorrechte: sie waren von allen städtischen Abgaben befreit, und ihr Haus war eine Freistätte für jeden Uebelthäter, der sich in dasselbe geflüchtet hatte. Die Strafgelder, Gerichtskosten und Gefälle wurden nach bestimmten Verordnungen unter den Schultheiß, die Schöffen, den Gerichtsschreiber und den Büttel vertheilt. Einfache bürgerliche Klagen konnte der Schultheiß mit zwei Schöffen, das Untergericht, aburtheilen; wichtigere Gegenstände kamen vor den gesammten Schöffenrath, das Obergericht; in den wichtigsten Fällen traten der Schöffenrath und der Stadtrath, in einer gemeinschaftlichen Sitzung, das Vollgericht, zur Aburtheilung zusammen. Von diesem konnte Berufung an das Reichsoberhaupt unmittelbar, oder an das Reichskammergericht ergriffen werden. Die Richtstätte und der Galgen standen auf der Südseite der Stadt, wo sich jetzt das Werk Nr. 39 „Cornichon" befindet.

Die Verwaltung der Stadtangelegenheiten lag dem Stadtrathe, aus dem Bürgermeister und 12 Räthen bestehend, welche durch das sogenannte Rathsglöckchen des Thürmchens der Catharinen-Capelle zu ihren Sitzungen berufen wurden, ob.

Das Wappen der Stadt war ein schwarzer Löwe in rothem Felde.

Das große Siegel führte eine Burgmauer mit einer Pforte, die auf beiden Seiten mit Wächtern versehene Thürmchen hatte, und zwischen denselben den Schild mit dem Löwen, mit der Umschrift: Sigillum Civium de Landowe Spiren. Diocesis.

Das kleine Siegel führte nur den einfachen Reichsadler mit dem Löwen auf der Brust und der Umschrift: Sigil. Secrc. Senatus Landovien.

Von 1291 bis 1324.

Im November 1292 besuchte der Nachfolger Kaiser Rudolph's I., Adolph von Nassau, die Stadt Landau, schlichtete einen Streit der Bürger mit dem Domcapitel Speyer, wegen des von Mühlhausen hereinverlegten Wochenmarktes und schenkte der Stadt den kaiserlichen Dinghof zu Dammheim, wodurch dieses Dorf, dessen bedeutendsten Theil dieser Hof ausmachte, in den Besitz Landau's kam.

Im Jahre 1294 schenkte Kaiser Adolph von Nassau den Steigerherren die Pfarrei Queichheim, mit der Bedingung, den dortigen Pfarrdienst durch einen Vikar versehen zu lassen; die Mönche zogen deshalb auf kurze Zeit nach Queichheim, und erst dann wieder nach Landau zurück, als nach dem Tode Adolph's i. J. 1300 diese Schenkung von Kaiser Albrecht bestätigt worden war.

Das Dorf Queichheim ist wahrscheinlich zwischen 1292 und 1303 als Eigenthum an die Stadt gekommen; wie solches geschehen, ist nicht ermittelt.

Im Jahre 1307 verfügte Kaiser Albrecht, daß es in Landau, bezüglich des Erbrechts zwischen Eheleuten nicht nach der bisherigen Gewohnheit Hagenau's, sondern nach derjenigen des Bisthums und der Stadt Speyer gehalten werden sollte.

Nach Kaiser Albrechts Ermordung i. J. 1309 schloß die Stadt ein Schutz= und Trutzbündniß mit dem Bischof Sybot von Speyer und mit dem Grafen Friedrich von Leiningen auf Madenburg wegen der damals im Reiche herrschenden gespannten Stimmung. Es war jedoch überflüssig, da noch in demselben Jahre Heinrich von Luxemburg zum Kaiser gewählt wurde und ruhig bis 1313 regierte.

Nach dessen Tode wählte ein Theil der Churfürsten den Herzog Ludwig von Bayern, der andere den Herzog Friedrich den Schönen von Oesterreich, zum Kaiser. Die Reichsstadt Landau entschied sich für den Letzteren, einen Enkel des großen Rudolph, ihres Wohlthäters; — während die alte Reichsstadt Speyer sich für Kaiser Ludwig den Bayer erklärte. Dieser Zwiespalt brachte den Speyergau in große Noth und Bedrängniß, und hatte schwere und traurige Folgen für die Stadt.

Im März 1315 trafen die beiden Gegenkaiser mit ihren Heerhaufen bei Speyer zusammen, konnten sich aber wegen der damals herrschenden Hungersnoth nicht lange halten und zogen Beide, ohne eine Entscheidungsschlacht gewagt zu haben, wieder ab. Friedrich der Schöne ging mit seinem Heere in das Elsaß, und gedachte auf diesem Zuge seiner treuen Bürgerschaft von Landau, welcher er ein huldvolles Schreiben zusandte, worin er „ihre kaiserlichen Freiheiten, Gerechtsamen und guten Gewohnheiten" bestätigte, und ihr gestattete, das in der Stadt erhobene Ungelt (von Ohmgeld) auf die Festungswerke und für den allgemeinen Nutzen zu verwenden. Im Jahr 1316 halfen die Landauer dem österreichischen Heere die Besitzungen der Stadt Speyer zu ver-

wollten, und setzten dieß auch i. J. 1317 fort, worüber sich die Speyerer Bürger bei Ludwig dem Bayer hart beschwerten. Dieser versprach den Speyrern unterm 18. Oktober 1317, Landau zu belagern, und, wenn es ihm gelänge, es zu erobern, dessen Wälle zu schleifen; — zugleich stellte der gereizte Fürst der Stadt Speyer ein Diplom aus, wodurch er dieser die Stadt Landau, mit Gut und Leuten und allen Einkünften um 5500 Pfd. Heller in Pfandschaft gab.

Als Ludwig der Bayer in Folge dessen noch vor Ende 1317 vor Landau zog, um seine Drohungen gegen die Stadt zu verwirklichen, retteten die Bürger ihre Wälle vor der Zerstörung, indem sie, sich des Kaisers Gnade mit einer großen Summe Geldes erkauften, und sich dazu verstanden, den Speyerern den zugefügten Schaden zu vergüten. Das hierwegen niedergesetzte Schiedsgericht glich im Januar 1318 alle Forderungen aus, und stellte die Freundschaft zwischen beiden Städten wieder her; — da dieser Vergleich nur auf Jahresfrist abgeschlossen worden, wurde er im Januar 1319 erneuert.

Als i. J. 1320 der Bruder Friedrich des Schönen, Herzog Leopold von Oestreich, die Stadt Speyer acht Monate lang belagerte, halfen die Landauer wieder getreulich mit. Speyer wurde jedoch von Ludwig dem Bayer entsetzt, welcher hierauf Landau berannte, aber nicht einnehmen konnte.

Endlich wurde der achtjährige Streit der beiden Gegenkaiser durch die Schlacht von Ampfing am

28ten September 1322 beendet. Ludwig der Bayer hatte gesiegt, Friedrich den Schönen gefangen genommen, und auf Schloß Trausnitz verwahrt. Trotzdem hielten die Reichsstädte Landau und Annweiler zu Friedrich dem Schönen, und schickten eine Deputation in den Kerker ihres unglücklichen Königs, der sie am 7. Dezember 1322 von den ihm geleisteten Eide entband. Erst dann erkannte Landau Ludwig den Bayer als Kaiser an. Dieser jedoch, welcher auf Landau einen besondern Haß geworfen haben mochte, verpfändete die Stadt Landau mit allen ihm und dem Reiche zustehenden Rechten, Gefällen und Einkünften, am 24. Juni 1324, dem Bischofe von Speyer, Emich von Leiningen, und seinem Domcapitel um 5000 Pfd. Heller, mit Ausnahme des Landgerichtes des Speyerganes im Luitramsforst, und des Hofes des Ritters von Mühlhofen in der Stadt.

Unter der Pfandschaft der Bischöfe von Speyer.
Von 1324 bis 1521.

Kaiser Ludwig der Bayer scheint den Landauern lange gegrollt zu haben, denn i. J. 1338 bestätigte er nicht nur die vorerwähnte Pfandschaft, sondern er gab auch dem Speyrer Bischof Gerhard von Ernberg die für Landau demüthigende

Zusicherung, daß Landau nicht einzeln, sondern nur mit den dem Hochstifte gleichfalls verpfändeten Juden in Speyer ausgelöst werden dürfe. Doch wurde Kaiser Ludwig der Stadt später wieder gerecht, indem er i. J. 1346 alle ihre früheren Rechte und Freiheiten feierlich erneuerte. Ludwig der Bayer war zweimal in Landau; das Erstemal i. J. 1319, wo er blos mit seinem Heere vor der Stadt stand, das zweitemal i. J. 1336, wo er sich einige Tage daselbst aufhielt.

Kaiser Carl IV. (1346—1378) verfuhr viel rücksichtsloser gegen die Stadt. Dieser Kaiser hatte i. J. 1349 einen huldvollen Freiheitsbrief an die Stadt erlassen, wonach die Bürger Landau's vor keinem fremden Gericht verklagt werden konnten, sondern dieses nur vor ihren Stadtschultheißen geschehen könne; — an demselben Tage jedoch bestätigte er die Pfandschaft und fügte i. J. 1358 in einem weiteren Bestätigungsbriefe noch die Clausel hinzu, daß die dem Reiche erledigt werdenden Burg-, Mann- und Pfandlehen in der Stadt, mit allen ihren Rechten sammt den übrigen Gefällen von Christen und Juden „todt oder lebendig" dem Bischof ebenfalls allein zustehen sollten.

Im Jahre 1374 setzte Bischof Adolph, Graf von Nassau, anstatt wie bisher einen Bürger aus der Stadt, einen ihm ergebenen Adeligen, den Ritter Conrad Schniebelauch zum lebenslänglichen Schultheißen in Landau ein.

Im Jahre 1376 erkaufte der Magistrat von

demselben Bischofe die jährliche Königssteuer von 200 Pfd. Heller um 2400 Pfd. Heller Speyrer Währung, wodurch die Bürger der Stadt einen leider vergeblichen Anfang machten, sich von einer drückenden Last zu befreien.

Im Jahre 1380 ließ sich der Stadtvorstand den obenbemerkten Freiheitsbrief von 1349 wegen des Gerichts vom Kaiser Wenzel, und später i. J. 1401 vom Kaiser Ruprecht wiederholt bestätigen. Im Jahre 1415 ließ Bischof Raban ihn durch Kaiser Sigismund nochmals, und i. J. 1434 wiederholt erneuern.

Im Jahre 1384 lieh die Stadt Landau dem Hochstifte von Speyer die Summe von 3000 Goldgulden, ebenfalls um, wenn dies Geld in den vertragsmäßig bestimmten vier Jahren nicht zurückbezahlt würde, vom lästigen Drucke der Pfandschaft auf immer befreit zu sein.

Während der Pfandherrschaft des Bischofs Raban von Helmstädt (1396—1438) entstand i. J. 1426 ein Streit, weil die Landauer sich geweigert hatten, den Bischof und seine Leute in die Stadt einzulassen. Die Landauer gaben aber nach, und Bischof Raban, „der liebe, gnädige und rechtmäßige Herr" hielt seinen Einzug in die Stadt. Im Jahre 1437 kam es neuerdings zu Mißhelligkeiten, die aber unentschieden blieben. Während der Herrschaft des Bischofs Reinhard von Helmstädt (1438—1456) scheint zwischen dem Domcapitel und der Stadt Friede geherrscht zu haben.

Bischof Philipp von Rosenberg muß die Stadt

Landau wieder arg bedrückt haben, weil der Stadtrath i. J. 1509 veranlaßt war, sich beim Kaiser Maximilian I. deshalb zu beklagen, welcher auf diese Beschwerde hin seinem Landvogte im Elsaß befahl, die Stadt gegen jedes ungebührliche Unternehmen zu schützen und bei ihren Rechten zu erhalten.

Bald nach Erlassung dieses Mandats schlug endlich die längst ersehnte Stunde der Befreiung für Landau aus fast 200jähriger Pfandschaft. Kaiser Maximilian I. hob am 19. April 1511 die Pfandschaft auf, sprach den Rath und die Bürgerschaft von ihrem Eid der Treue gegen den Bischof von Speyer und dessen Domcapitel los, und überließ die Erlegung des Pfandschillings der Stadt selbst. Dieser wurde am 1. April 1517 mit 15,000 fl. rheinisch an den Bischof bezahlt.

Obwohl nun die Bischöfe von Speyer: Philipp von Rosenberg (1456—1513), Georg Pfalzgraf bei Rhein (1513—1529) Philipp II. von Flörsheim (1529—1552), Rudolph von Frankenstein (1552—1560), Marquart von Hattstein (1560—1581), Eberhard von Dienheim (1581—1610), Philipp Christoph von Sötern, Churfürst von Trier (1610—1652) die Wiedereinlösung der Stadt nicht verschmerzen konnten, und wiederholt Protest gegen die kaiserlichen Anordnungen in Bezug auf Landau einlegten, so half ihnen dies dennoch nichts, denn Kaiser Carl V. bestätigte i. J. 1521 auf dem Reichstage zu Worms die von seinem Vorgänger getroffenen Verfügungen.

Kaiser Maximilian I., der Befreier der Landauer, besuchte zweimal die Stadt, und zwar in den Jahren 1508 und 1513. Auch Kaiser Carl V. hielt sich i. J. 1552 der schönen Gegend halber sechzehn Tage in Landau auf.

Während der Pfandschaft.
a) Gebietserweiterung, Verträge etc.

Wie die Dörfer Dammheim und Queichheim an Landau kamen, wurde bereits erwähnt. Im Jahre 1508 räumte die Stadt den Dammheimern einen besonderen Bezirk auf dem Horste als Weideplatz ein. Queichheim wurde i. J. 1465 vom Stadtrathe an den Speyrer Bischof Mathias von Rammung verpfändet, i. J. 1508 aber wieder eingelöst.

Im Jahre 1432 kaufte die Stadt das ehemalige Dörfchen Mühlhausen von dem Grafen Friedrich von Leiningen; und i. J. 1508 das Dorf Nußdorf von Conrad von Heideck.

Diese der Stadt zugehörigen Dörfer, von welchen jedes sein eigenes Wappen und Gerichtssiegel führte, standen unter Aufsicht und Verwaltung eines Landauer Rathsherrn, den man Fauth oder Vogt nannte. Die Einwohner dieser Dörfer mußten einmal im Jahre den Huldigungseid leisten, anfangs in den Dörfern selbst unter freiem Himmel, später in

Queichheim in einem Wirthshause. Sie waren der Stadt zu Frohndiensten mit Fuhren und Handarbeiten und zu einem gewissen Tribut verpflichtet.

Im Jahre 1462 trat die Stadt dem Bündnisse der Fürsten, Herren und Städte des Elsaßes gegen den Unfug der westphälischen heimlichen oder sogenannten Vehmgerichte bei.

Im Jahre 1488 verkaufte die Abtei Klingenmünster den ihr in Landau gehörigen Hof zum „Maulbeerbaum" nebst der dabei befindlichen Capelle zu St. Urban an den Stadtrath, der diesen Hof in eine Herberge, später das bedeutendste Gasthaus, verwandelte.

Die Stadt hatte das Recht der Besetzung der Oberschultheißerei und des Gerichtes in Albersweiler, verkaufte aber dasselbe i. J. 1538 an den Herzog Wolfgang von Zweibrücken.

Mit dem Churfürsten der Pfalz wurde i. J. 1500 von Seite der Stadt eine Uebereinkunft getroffen, wonach dieser sich verpflichtete, die Landauer Handels- und Gewerbsleute, welche jährlich zweimal die Messe in Frankfurt, damals der Mittelpunkt des rheinischen Handels, bezogen, durch sicheres Geleite zu beschützen.

Als unmittelbare freie Reichsstadt hatte Landau Sitz und Stimme auf den Reichstagen, und sind folgende Reichstagbeschlüsse von ihren Abgeordneten unterschrieben, als von den Jahren 1521, 1529, 1530, 1541, 1545, 1555, 1567, 1582, 1594 und 1603. Auch bei den westphälischen Friedensverhandlungen in ben Jahren 1646 und 1648 war Landau, — vermuthlich zum letztenmale, — durch Abgeordnete vertreten.

b) **Die Pest, die Judenverfolgungen, die Geißler und die Hexenprocesse.**

In den Jahren 1313 und 1348 wüthete die Pest in Europa. Auch Landau wurde von derselben heimgesucht, so daß ganze Straßen ausstarben, und man dieselben absperren mußte, um die Ansteckung in den übrigen zu verhüten.

In Folge der Pest brach in den Jahren 1348 und 1349 in Deutschland eine gräßliche Verfolgung und Vertilgung der Juden aus, da das Volk wähnte, die Juden hätten durch Vergiftung der Bäche und Brunnen diese Seuche verursacht. Auch Landau blieb hierin nicht zurück; allein die Juden waren mächtig und sehr zahlreich in der Stadt, setzten sich zur Wehre und wiesen alle Angriffe auf ihr Leben und Eigenthum kräftig zurück. Es kam hierauf zu einem Vergleiche, wonach die Juden wohl am Leben geschont, aber sämmtlich die Stadt und deren Gebiet verlassen mußten. Erst i. J. 1518 wurden wieder zehn Juden-Familien aufgenommen. Im Jahre 1541 wurde der Befehl erlassen, daß künftighin jeder Israelite einen gelben Ring, so groß wie eine Fensterscheibe, vorn an der linken Brust tragen müsse, worüber der sogenannte Judenvogt sorgfältig wachen, und öfters ihre baufälligen Häuser untersuchen sollte. Im Jahre 1542 war die hiesige Judenschaft 94 Personen stark.

Später wurden sie wieder vertrieben, dann wieder eingelassen, bis endlich reinere Begriffe von Religion und humaner Gesinnung die Oberhand gewannen, und Christen und Juden anfingen, ruhig unter einander zu wohnen und zu leben.

Die Verheerungen der Pest hatten die Menschen in solche Angst und Schrecken versetzt, daß sie die erzürnte Gottheit nur durch strenge Buße und Leibescasteyungen versöhnen zu können glaubten. Eine Gesellschaft von 200 solcher herumziehender Büßer, die man „Geißler" nannte, kam im Juni 1349 nach Speyer, berührte auf ihrem Zuge auch Landau, und zog von da nach Straßburg. Dieses sinnlose Gauckelspiel wurde bald nach seinem Entstehen durch eine Bulle des Papstes Clemens VI. aufgehoben.

Das Volk war damals im hohen Grade unwissend, abergläubisch und roh, daher falscher Religionseifer, und der Glaube an Wunder und Hexerei.*) Jede ungewöhnliche Naturerscheinung galt als Wunder, und wenn sie vollends schädlich war, als Werk des Teufels; — von diesem glaubte man, daß er mit Menschen im Bündniß stehe und persönlichen Umgang mit ihnen pflege. Solche Menschen hinrichten zu lassen, wurde nicht als Sünde, sondern als eine durch die Religion gebotene Pflicht angesehen. Lange waren in Deutschland die vermeintlichen Hexenmeister und Hexen nur der Gegenstand des Abscheues und der Furcht;

---

*) v. Birnbaum, Geschichte der Stadt Landau, S. 149.

allein i. J. 1484 wurde der Hexenproceß durch eine Bulle des Papstes Innocens VIII. auch in Deutschland eingeführt, und die unglückseligen Menschen nun nach gerichtlicher Form zu Tode gemartert und verbrannt. Daß bei allen diesen Prozessen Privatrache, Eigennutz, meist aber Gefühllosigkeit und Dummheit die Triebfedern zur Anklage waren, ist erwiesen und haben diese berüchtigten Hexenprocesse im ganzen Lande und so auch in Landau vielen unglücklichen Menschen das Leben gekostet.

c) Adel und Zunftwesen.

Es wohnten damals viele Abelige in der Stadt, wovon folgende Familien als die Vornehmsten und Angesehensten anzuführen sind; als: von Brack, von Boner, von Engaß, von Helmstädt, von Horneck, von Holzapfel, von Mühlhofer, von Ramberg, Pfeil von Ulmbach, Schnibelauch von Kestenberg, von Stein, von Stettenberg, von Salmbach, von Than (Dahn), von Walsdorf und von Zeiskam. Einige dieser Abeligen waren in der Umgegend begütert, die meisten besaßen Burgen in der Stadt selbst. Die Edelleute waren von allen städtischen Abgaben befreit und konnten zu allen öffentlichen Aemtern gewählt werden. Sie mußten aber in die Hände des Stadtrathes den Eid schwören, dem Rathe in allen guten Dingen zu „gehorsamen und zu dienen." Dieser Eid und das Widerstreben des Adels gegen die städtische Ordnung waren lange Zeit hindurch die Quelle vieler Zerwürfnisse und vielen Verdrusses.

Die ganze Bürgerschaft war in 13 Zünfte eingetheilt, deren jede ihre besondere Stube, Lade und Vorschriften hatte, und durch ihren Vorstand, den Zunftmeister, mit dem Stadtrathe in Verbindung stand. Alle neu aufzunehmenden Bürger oder volljährigen Bürgerssöhne, auch wenn sie kein Gewerbe trieben, mußten sich in eine dieser Zünfte aufnehmen lassen, weil hiedurch das Bürgerrecht bedingt war.

d) **Gerichtsordnung und Verwaltung.**

Die Gerichtsordnung blieb sich in dieser Zeitperiode gleich, nur wurde die Zahl der Schöffen von 12 auf 6 vermindert.

Ueber die Verwaltung des Gemeinwesens wurde bereits oben gesprochen, und soll hier nur das Fehlende nachgetragen werden:

Im Jahre 1361 erhielt der Stadtrath vom Speyrer Bischof Gerhard von Ernberg die Erlaubniß, alljährlich 24 ehrbare und friedfertige Bürger zu wählen, um gemeinsam mit diesen die Ruhe und Ordnung in der Stadt aufrecht zu erhalten. Diese Zahl wurde i. J. 1401 von 24 auf 12 herabgesetzt, im Jahre 1433 jedoch wieder auf 24 erhöht, weil man das Bedürfniß einer vollständigeren Polizei-Ordnung fühlte.

Der Stadtrath bestand also aus: dem Bürgermeister, 6 Schöffen, 12 Herren vom alten und 24 vom jungen Rathe, 13 aus den Zünften, und dem Stadtschreiber.

Die Schöffen und der alte Rath blieben lebenslänglich im Amte; die Glieder des jungen Rathes, die sogenannten Vierundzwanziger, wurden jährlich neu erwählt. Der Bürgermeister wurde aus den Schöffen genommen, und hatte zur Seite 3 Rathsherren, Marschälle genannt, welche 4 man die „regierenden Herren" hieß, und die alle drei Monate m Vorsitze abwechselten.

Der Stadtschreiber, auch magister genannt, mußte Rechtskenntnisse besitzen, und war eine wichtige Person im Rathe. Im Jahre 1507 wurde noch ein Unterschreiber angestellt.

Der Stubenknecht (Rathsdiener) war der unentbehrliche dienstbare Geist der Rathsglieder in und außerhalb der Sitzungen.

An städtischen Beamten gab es noch: 1 Zinsmeister (Steuereinnehmer), 1 Baumeister, der für die städtischen und militärischen Bauten, sowie für Brücken- und Wegbau angestellt war; 1 Zentenberger, welcher die Rechte und Befugnisse der Stadt in den bedeutenden Haingeraidtewaldungen zu vertreten, und die Strafgelder aus denselben einzunehmen hatte; ihm war ein Zentknecht beigegeben. 1 Arzt, welcher vom Rathe angenommen und besoldet war, und alle Einwohner der Stadt ohne Unterschied zu behandeln hatte; er durfte nicht über 8 Tage außer der Stadt bleiben, und hatte die Aufsicht über die herumziehenden Quacksalber (Landfarer). 1 Apotheker;

die Apotheke befand sich im Stadthause, und ist ihrer bereits i. J. 1322 urkundlich erwähnt; 1 Kaufhausmeister, welcher die im Kaufhause aufbewahrten Waaren unter seinem Verschlusse und wegen ihrer Qualität unter seiner Aufsicht hatte; 1 Gewichtaicher, seit 1486, zum Abziehen und Richtigstellen sämmtlicher Waagen der Stadt; 1 Weinrufer, welcher verkäuflichen Wein auszurufen, beim Verkaufe gegenwärtig zu sein, und die städtischen Gebühren davon zu erheben hatte; 1 Schulmeister, seit 1432, für die vom Stadtrathe gegründete Lateinschule, welche später so stark auch von Auswärtigen besucht wurde, daß 1553 dem Schulmeister ein Colaborator oder Helfer, und i. J. 1561 noch ein Gehilfe (Locat) beigegeben werden mußten; und 1 vom Rathe beeidigten und angestellten Todtengräber.

e) Polizeiliche Anordnungen.

Wir lassen hier nun kurz einige besonders interessante polizeiliche Verfügungen und Einrichtungen folgen:

Im Jahre 1376 wurde für Fremde ein eigener städtischer Brücken- und Weg-Zoll errichtet.

Im Jahre 1409 wurde eine Verordnung wegen des Ungeltes, wie es mit dem Verkaufen und Ausschenken des Weins gehalten werden solle, erlassen;

Im Jahre 1410 eine weitere, daß die Metzger kein Vieh außer der Stadt schlachten;

Im Jahre 1411, daß die Bäcker nicht mehr als acht Schweine in der Mastung halten dürfen;

Im Jahre 1414 ergingen strenge Verbote gegen das hohe Karten- und Brettspiel;

Im Jahre 1465 gegen die wilden Ehen;

Im Jahre 1508 wegen Handhabung der Straßen-Reinlichkeit, und

Im Jahre 1512 gegen den zu großen Aufwand bei Hochzeiten und bei Taufen.

Leichtere Vergehen wurden mit Gefängniß in dem Käsigthurm, daher heute noch sprichwörtlich: „in den Köbig kommen," bestraft; — Bürger, welche in Entrichtung der Einzugs- oder andern Gelder nachlässig waren, wurden in das „Narrenhäusel" gesperrt, — gröbere Verbrecher aber in dem Mühlenthurme verwahrt.

Junge Leute, welche sich fleischlich vergingen, wurden sehr strenge bestraft: der Bursche mit längerem Gefängnisse, das Mädchen aber auf eine rohe empörende Weise, indem man die Unglückliche an der Hand des Büttels den sogenannten Lasterstein dreimal Sonntags um den Brunnen vor der Kirche tragen, und dann vor der ganzen Gemeinde öffentliche Kirchenbuße thun ließ. Der eiserne Hacken vorn am Kirchthurme, an welchem dieser Lasterstein aufgehangen war, ist noch vorhanden.

In Landau bestand im Mittelalter bis zur Reformation ein sogenanntes Frauenhaus, das nach einer vom Rathe erlassenen Ordnung unter Aufsicht eines Wirthes stand. Solche städtische Anstalten fanden sich damals allerorten.

In der Stadt befanden sich mehrere Bade-
häuser, welche von Scherern (Badern) gehalten
wurden.

Landau hatte als Reichsstadt auch das Münz-
recht. Ob die Stadt aber je Geld geschlagen, ist
unbekannt geblieben; doch sollen sogenannte Landauer
Kreuzer cursirt haben. Im Jahre 1421 findet sich
schon eine städtische Verordnung, wonach die Münze
oder vielmehr der Wechsel alle sechs Jahre an einen
andern Bürger der Stadt verpachtet wurde.

f) Befestigung und Sicherheitsdienst.

Das Reichscontingent von Landau bestand
anfänglich in 22 Mann Fußvolk und 2 Reitern, wurde
aber in den Jahren 1545 und 1551 um 4 Mann
Fußvolk vermehrt, und kostete an Geld monatlich
96 Gulden.

Die Befestigung der Stadt bestand in einer
zweifachen Ringmauer mit vorliegenden doppelten
Gräben; die innere war mit der Brustwehr 36—38'
hoch, mit Schießscharten versehen, und durch 25 große
und kleine Thürme flankirt; die äußere Umfassung
war viel niedriger, aber die Gräben tief und fast
überall mit Wasser gefüllt. Die Stadt hatte zwei
Hauptthore, und zwar eines an der Süd- und
eines an der Nordseite: jenes wurde, — weil es zu-
nächst dem Steigerkloster zu unserer lieben Frau lag,
— die Frauenpforte oder die obere Pforte, das
entgegengesetzte die Mühlhauserpforte oder die
untere Pforte benannt; vor beiden Hauptthoren lag

noch zwischen dem innern und äußern Graben je ein kleines Außenthor. Diese vier Thore hatte jedes seinen eigenen Pförtner. Außerdem gab es noch zwei, nur im Sommer geöffnete Einlässe: die St. Niclaspforte im Westen, und die Kuhpforte, diese für das Vieh, und daher wahrscheinlich gegen Osten, wo die Weide war. Von der Queich floß früher ungefähr nur die Hälfte durch Landau, und diese sogar in mehrere kleine Bäche und Gräben getheilt: so floß ein solcher Canal hinter der Judengasse, und ein anderer, die Schlitzbach, am Maulbeerbaume vorüber; die andere Hälfte der Queich diente zum Flößen, lief um den westlichen Theil der Stadt herum an der Mühlhauser Pforte vorbei, unterhalb und oberhalb welcher sich die "Flotz," wo das Holz ausgeworfen wurde, befand.

Jeder Bürger mußte sich auf seine Kosten eine vollständige Rüstung und Wehr (Degen) anschaffen; die Armbrüste und Büchsen ließ der Stadtrath anfertigen, auf den Zunftstuben aufbewahren, wo sie Jeder bei einem Allarme abholen und sich hierauf an den ihm angewiesenen Platz begeben mußte.

In den Jahren 1401 und 1404 verwendete die Stadt bedeutende Summen auf ihre Festungswerke, da die Einführung und der Gebrauch des früher unbekannten groben Geschützes solches nöthig machte. Der Stadtrath dingte i. J. 1422 einen Armbruster, welcher die Aufsicht über die Werke, über die Büchsen (Geschütze), das Pulver und die Armbrüste zu führen, — und i. J. 1424 einen Büchsenmacher, welcher

Pulver und Klötz (Kugeln) zu verfertigen hatte. (Später i. J. 1579 wurde noch ein eigener Pulvermacher, der auf dem Dietmars-Thurme wohnte, angestellt.)

Seit 1467 wurden alle Strafgelder nur auf die Ausbesserung der Stadtmauern verwendet, sowie auch allen wegen polizeilicher Vergehen Verurtheilten als Strafe auferlegt wurde, eine größere oder geringere Anzahl Quadersteine zum Unterhalt der Mauern und Thürme zu liefern.

Im Jahre 1508 wurde eine Auffrischung aller Geschützvorräthe und ihres Zubehörs vorgenommen, und i. J. 1512 eine Verordnung wegen Erhaltung und Vermehrung des Geschützes erlassen.

Der Sicherheitsdienst wurde folgendermaßen gehandhabt:

Abends wurden die Thore von den Pförtnern gleichzeitig geschlossen und die Schlüssel dem Rathe eingeliefert. Von da an hatten der Wächter auf dem Kirchthurme und die Thurmknechte auf den Thürmen genaue Wacht zu halten, und bei wichtigen Veranlassungen durch Rufen oder Blasen sogleich zu allarmiren. Außerdem standen Nachts rings auf der Brustwehr an der Stadtmauer „gedingte" Wächter aus der Bürgerschaft, denen ein bestimmter Bezirk und Gang angewiesen war. Bei Tage, wo die Thore offen standen, hatten die vier Pförtner genau auf die Ein- und Auspassirenden zu achten.

g) Vehmgericht, Fehden.

In der Nähe der Stadt befand sich ein heimliches oder Vehm-Gericht mit Freistuhl und Wissenden, und sollen Landauer Bürger „Freischöffen" dieses Gerichtes gewesen sein, wie solches aus einem Aktenstück vom Jahre 1439 hervorgeht.

Landau wurde in dieser Zeitperiode in mehrere Fehden verwickelt, in welchen wohl die Stadt wegen ihrer Wälle verschont blieb, dafür aber die Umgebung und die zugehörigen Dörfer arg mitgenommen wurden. — Die bedeutendsten Fehden waren:

Im Jahre 1405 mit Friedrich von Hohenstadt;

Im Jahre 1416 mit den Gebrüdern von Rupertsberg;

Im Jahre 1448 bis 1450 mit Ritter Heinrich Holzapfel von Herxheim;

Im Jahre 1460—1462 die Fehde des Churfürsten Friedrich des Siegreichen von der Pfalz mit dem Herzog Ludwig dem Schwarzen, während welcher 1460 das Dorf Queichheim niedergebrannt wurde.

Im Jahre 1504 die sogenannte bayrische Fehde;

Im Jahre 1508 mit Hartwig Eckbrecht von Dürkheim.

Im Jahre 1517 mit Franz von Sickingen, in welcher Nußdorf geplündert, und die dortige Kirche sowie jene zu Dammheim ausgeraubt wurden.

Einverleibung in die Reichsstädte des Elsaßes. Bauernkrieg, Wiedertäufer.

Im Jahre 1521 erließ Kaiser Carl V. ein Decret, wodurch er die Reichsstadt Landau der Landvogtei im untern Elsaß, deren Sitz zu Hagenau war, einverleibte, damit besagte Stadt Landau aller Gnaden, Freiheiten, Gerechtsamen u. s. w. wie die übrigen zehn elsäßer Reichsstädte sich zu erfreuen habe. Diese waren: Hagenau, Colmar, Schlettstadt, Weissenburg, Mühlhausen, Kaisersberg, Oberehnheim, Münster im Gregorienthale, Roßheim und Türkheim. Diese Einverleibung war für Landau ein großer Gewinn, indem die genannten Städte zu gegenseitigem Schutz und Trutz verpflichtet waren.

Im Jahre 1521 wollte die gesammte Ritterschaft des Wasgaus in Landau eine Versammlung abhalten; dieselbe kam aber wegen zu geringer Betheiligung nicht zu Stande. Erst im folgenden Jahre, wo eine große Versammlung der Ritterschaft von Franken, Schwaben und vom Rheine ausgeschrieben wurde, fand eine solche wirklich statt, und wurde hier der berühmte „Landauer Bund" gegen die Mißbräuche der Fürstengewalt und die Reformationsfeinde geschlossen, welcher sich aber nach dem bald darauf erfolgten Tode des Bundeshauptmanns, des edlen Franz von Sickingen, ohne etwas geleistet zu haben, wieder auflöste.

In dem im Jahre 1525 ausgebrochenen durch den unmenschlichen Druck des Adels und der Geistlichkeit gewaltsam herbeigeführten Bauernkriege zog eine Horde Bauern vor die Stadt, Einlaß begehrend. Diese verschloß aber ihre Thore, und leistete von den Wällen herab so kräftigen Widerstand, daß die Bauern, nach einer durch die Stadtgeistlichen freiwillig gereichten Lieferung an Brod und Wein, wieder abzogen, und die Stadt in diesem Kriege überhaupt ohne Schaden davon kam. Der Bauernaufstand hatte aber für die Stadt den Vortheil, daß der Magistrat auf einige an ihn ergangene gerechte Klagen über Uebelstände i. J. 1526 eine ganz neue Gerichtsordnung als Gesetz bekannt machen ließ; welche hauptsächlich den Zweck hatte, eine gewisse Gleichheit aller Bürger vor Gericht herbeizuführen, den bisherigen schleppenden Gang der Processe abzustellen und die Gerichtskosten zu vermindern.

Im Jahre 1528 hatte der Stadtrath viel mit der Secte der Wiedertäufer zu schaffen, indem sich zu Landau viele Bürger, Frauen und Dienstboten derselben zugewendet hatten, und hartnäckig auf ihren neuen Ansichten, einer Art Communismus, verharrten. Wiederholte Ausweisung dieser Sectirer aus der Stadt mußte erfolgen, bis sich endlich gegen Ende dieses Jahres die Wiedertäufer auf eine Zeitlang aus der Gegend verloren.

Die Zeit der Reformation.

Landau war eine der ersten Städte Deutschlands, welche zur Reformation übertraten. Im Jahre 1522 hatte bereits der Stadtpfarrer Johannes Baber die neue Lehre in Landau verkündet, und bei seinen Pfarrkindern allgemeinen und fortgesetzten Beifall gefunden. Er wurde deßhalb vor das geistliche Gericht nach Speyer citirt, und, — als er dorten nicht erschienen, — auf dem Reichstage zu Nürnberg wegen seiner freien Richtung verurtheilt. Pfarrer Baber kümmerte sich jedoch nichts darum, und setzte seine reformatorischen Bestrebungen mit solchem Eifer fort, daß sogar der Stadtrath ihn ermahnen mußte, das Wort Gottes mit mehr Sanftmuth zu verkündigen.

Die Bischöfe von Speyer und von Straßburg versuchten Alles, um den Prädicanten (Prediger) Baber zum Schweigen zu bringen und die Fortschritte der neuen Lehre bei der Gemeinde Landau rückgängig zu machen, aber ihre Bemühungen waren vergeblich. — Der Magistrat ging bei dieser Gährung der Gemüther und bei dem geistigen Kampfe und Umschwung mit großem Tacte und mit vieler Gewissenhaftigkeit und Mäßigung zu Werke, und fand eine große moralische Stütze durch die sogenannten „Städtetage," auf denen die zehn Städte des Elsaßes, die sämmtlich der freien geistigen Entwicklung huldigten, von Zeit zu Zeit sich durch Abgeordnete miteinander beriethen, und dadurch in Allem — und besonders in dieser hochwichtigen Angelegenheit — einmüthig und übereinstimmend mit einander handelten.

In den Jahren 1527 und 1528 schrieb der Bischof von Speyer wiederholt an den hiesigen Stadtrath wegen Entfernung des Predigers Baber, sowie wegen Aenderung der Gesinnungen der Landauer in der Glaubensneuerung, allein man konnte oder wollte sich nicht verständigen. — Dagegen wurde im Jahre 1529 Prädicant Baber als „ständig angestellter Prediger" erklärt, und ihm ein Gehalt aus Mitteln der Stadt und der Bruderschaften zugewiesen.

Im Jahre 1527 wurde eine deutsche Schule gegründet; ein deutscher Schullehrer, der im Lesen und im Katechismus, und ein Rechenmeister, der im Schreiben und Rechnen Unterricht ertheilen mußte, angestellt. — Im Jahre 1542 wurde für die Lateinschüler ein eigenes Schulhaus gebaut; diese Schule, unter specieller Aufsicht der evangelischen Stadtgeistlichen, schloß sich i. J. 1566 eng an die Straßburger Akademie an.

Seit 1543 hatte Pfarrer Baber immerfort mit den geistlichen Behörden zu Speyer zu kämpfen, wobei er vom Stadtrathe auf's Kräftigste unterstützt wurde. Während dieser ständigen Streitigkeiten ging aber die Ausbreitung der neuen Lehre ihren ruhigen Gang fort. Im Jahre 1545 wurde dem langverfolgten und nun gealterten Pfarrer Baber ein von der Stadt besoldeter Caplan, Johannes Liebmann, beigegeben.

Nach dem im Jahre 1545 erfolgten Tode Baber's begannen die Zwistigkeiten mit dem Bischofe von Speyer, wegen Besetzung der erledigten Pfarrstelle, von Neuem. Die Reichsstadt Straßburg sandte ihren Prediger, Dr. Martin Bucer, aushilfsweise nach Landau, und gegen Ende 1546 wurde der seitherige Caplan Johannes Liebmann, als Prädicant und evangelischer Pfarrherr, vom Stadtrathe angestellt. Diesem folgte i. J. 1553 M. Leonhard Brunner (Fontanus), auf dessen Anrathen verschiedene Neuerungen eingeführt wurden, wie: das Herumtragen des Klingelbeutels in der Kirche, das Läuten mit einer Glocke bei Hochzeiten, Taufen und Werktagspredigten, das Nichtöffnen der Kaufläden an Sonntagen, das Abhalten der Hochzeitsschmause in den Häusern oder Zunftstuben statt in den Herbergen ꝛc. ꝛc.

Da der seitherige Leichenhof bei der Stadtkirche nicht mehr genügte, so wurde ein zweiter für die Evangelischen, im Jahre 1554, in der Gegend des jetzigen Kugelgartens, angelegt.

Im Jahre 1562 wurde, um mehr Gleichmäßigkeit hinsichtlich des Haltens der Feiertage einzuführen, der Zweibrücker Kirchenordnung gemäß, genau festgesetzt, welche Tage als ganze, und welche als halbe Feiertage zu halten seien; — weßhalb auch der Wochenlohn der Werk- und Arbeitsleute statt am Sonntag, von nun an am Samstag Mittag auszubezahlen war.

Wiederholte Zwistigkeiten und Anmaßungen von Seite der Stiftsherren führten i. J. 1610 zu einem Vergleiche mit dem Bischofe von Speier, wodurch wenigstens auf einige Zeit die Ruhe wieder hergestellt wurde.

Am 1. und 2. November 1617 wurde in Landau das erste Reformations-Jubiläum auf's Festlichste begangen.

So war denn nach langem Kampfe und unter den mannigfaltigsten Widersprüchen das Werk der Reformation in Landau durchgeführt und das Kirchenwesen daselbst fest begründet. Die ganze Bürgerschaft war dem evangelischen Glauben zugethan, und — außer den Stiftsherren und den Augustiner-Mönchen — befanden sich keine Katholiken mehr in Landau, und wurden nachher auch keine mehr als Bürger aufgenommen. Dagegen darf nicht unerwähnt bleiben, daß die evangelischen Geistlichen nach und nach eine bedeutende amtliche Gewalt über den Magistrat der Stadt gewannen und ausübten, in falschem Glaubenseifer gegen alles freie Denken und selbstständige Forschen unerbittlich strenge auftraten, und dem allgemeinen geistigen Fortschritte sich ebenso hemmend in den Weg stellten, als es früher die katholische Geistlichkeit gethan hatte.

Im November 1570 kam die Tochter des Kaisers Maximilian's II., Elisabetha, Braut des Königs Carl's IX. von Frankreich, — und im Jahre 1573 der König von Polen mit dem Pfalzgrafen Christoph durch Landau, und wurden von der Stadt bewirthet, was dieser bedeutende Kosten verursachte.

Im Jahre 1576 entschied das kaiserliche Kammergericht, daß der Jagdbezirk der Stadt aus der

Gemark Landau und aus der halben Gemark Nußdorf zu bestehen habe.

Im Jahre 1577 traten die zehn Reichsstädte der Landvogtei Hagenau in Straßburg zusammen, und erneuerten ihren Bund zur Erhaltung ihrer alten Privilegien und Gerechtsamen.

In der Nacht vom 25. auf den 26. Juli 1616 traf ein Blitzstrahl den Thurm an der untern Pforte, welcher ganz zertrümmert und vom Feuer zerstört wurde. Der Thurm wurde sogleich, jedoch nur einstöckig wieder aufgebaut.

In diese Zeitperiode fallen folgende städtische Anordnungen und polizeiliche Verfügungen:

Im Jahre 1542, Einschreitung gegen lieberliche Dirnen;

Im Jahre 1542, gegen den Aufwand bei Hochzeiten, wonach nicht über 100 Personen — die Kinder ungerechnet — geladen werden durften;

Im Jahre 1562, diese Zahl von 100 auf 40 herabgesetzt;

Im Jahre 1564, wurde die Umfassungsmauer vor der Kirche abgebrochen, der gewonnene Platz gepflastert und zum „Marktplatz" erklärt; die Bäckerläden kamen hierauf zwischen die Kirchenpfeiler, und die andern Buden, die früher die heutige Marktstraße entlang gestanden, nunmehr auf den Platz oben vor die Kirche zu stehen. — Das Stift erhielt hiefür eine Entschädigung von 100 fl.

Im Jahre 1570, Verordnung gegen das „unordentliche und schändliche" Tanzen;

Im Jahre 1581, Anordnung, daß an jedem Thore noch eine Zugbrücke gemacht, — und daß während der Sonntagsprebigt die äußerste Barriere und das äußere Thor der beiden Stadtpforten gesperrt werde;

Im Jahre 1585, wurde die hölzerne Klosterbrücke mit Steinen umgebaut;

Im Jahre 1590, Beschluß, daß mit jedem Jahrmarkte auch ein Pferdemarkt verbunden, und dieser vor der Niclaus-Pforte abzuhalten sei;

Im Jahre 1591, neue Vertheilung der Kirchenstühle;

Im Jahre 1591, Umbau der zerfallenen Niclaus-Pforte;

Im Jahre 1592, wurden die Fußwege der beiden Hauptstraßen vom untern bis zum obern Thore auf beiden Seiten mit Ketten eingefaßt;

Im Jahre 1594, Erbauung einer Emporbühne in der Kirche für die Musikproductionen der Lateinschüler;

Im Jahre 1595, wegen der graffirenden Pest das Tanzen bei den Hochzeiten ganz verboten;

Im Jahre 1595, wurde den Bürgern der drei der Stadt zugehörigen Dörfer bei Geldstrafe geboten, daß Jeder, der eine Büchse habe, den Sommer über, wenigstens an vier Sonntagen, sich im Scheibenschießen zu üben habe;

Im Jahre 1596, Einführung einer neuen Feuerlöschordnung;

Im Jahre 1596, Anfertigung eines neuen Laftersteins;

Im Jahre 1598, Anordnung einer Raths-Commission zur jährlichen Untersuchung der städtischen Apotheke und Einführung einer Apotheker-Taxe.

Im Jahre 1603, Ermahnung zu fleißigerem Kirchenbesuche;

Im Jahre 1603, Verbot des zu vertraulichen Umgangs der ledigen Gesellen und Jungfrauen;

Im Jahre 1608, Anordnung, daß die Polizei nach ausgeläuteter Weinglocke die Wirthshäuser untersuche, und jeden Uebersitzenden zur Bestrafung anzeige;

Im Jahre 1610, Einführung einer sogenannten „Kirchencensur" zur Schlichtung von Zwistigkeiten und Uneinigkeiten in der evangelischen Gemeinde. (Eine Maßregel, die später in geistigen Druck und in Beherrschung der Gemüther ausartete.)

Im Jahre 1614, Vergleich mit der Stadt Annweiler, wegen Zoll-, Weg- und Standgeld;

Im Jahre 1616, Verordnung über Taxerhebung bei Erwerbung des Bürgerrechts.

Während des dreißigjährigen Krieges.
1618—1648.

In den fortwährenden Kriegen, wozu die Religionsuneinigkeiten die Veranlassung oder doch den Vorwand gaben, wurde Landau der Schauplatz vieler Zerstörungen, Plünderungen und anderer Unfälle. So wurde die Stadt i. J. 1552 von dem Heere des Königs Heinrich's II. von Frankreich stark mitgenommen; aber noch schlimmer erging es ihr in demselben Jahre durch den Markgrafen Albrecht von Brandenburg, mit dem Beinamen Alcibiades, welcher auf seinem Brand- und Raubzuge durch das Elsaß in Landau und Umgegend schrecklich hauste, und sich die Stadt nur dadurch vom Untergange rettete, daß sie eine bedeutende Brandschatzung bezahlte.

Im Jahre 1620 befand sich Landau wieder in vollkommen wehrhaftem Zustand, und hatte einen kriegserfahrenen „Wachtmeister" angenommen und angestellt, unter dessen Befehl und Leitung die gesammte Vertheidigung der Stadt gestellt wurde.

Im Anfange des 30jährigen Krieges war Graf Ernst von Mansfeld, ein eifriger Anhänger des Churfürsten Friedrich von der Pfalz, dieses Hauptmanns der protestantischen Union, der i. J. 1619 zum Könige von Böhmen erhoben worden, — gezwungen, über den Rhein zu gehen und in das Elsaß einzufallen, wo er Alles verheerte und zerstörte. Die Städte Weissenburg und Landau, wo der Protestantismus herrschte, ergaben sich i. J. 1621 ohne Widerstand, wurden dafür aber nicht besonders gut behandelt; denn Graf Mansfeld setzte sich daselbst fest, und ernannte den Grafen von Löwenstein zum Commandanten von Landau.

Im Jahre 1622 kam der flüchtige König von Böhmen nach Landau, wo er die Streitkräfte Mansfeld's an sich zog. Diese mußten sich aber aus dem Elsaße zurückziehen, und so kam die Stadt Ende 1622 in die Gewalt des Erzherzogs von Oesterreich, welcher eine starke Besatzung nach Landau legte, und bis 1631 Herr der Stadt verblieb. Während dieser Zeit des österreichischen Gouvernements hatte die Stadt durch Lieferungen, Contributionen und durch die Rohheit der Soldatesca viel zu leiden, und in Folge des i. J. 1627 vom Kaiser Ferdinand II. erlassenen Restitutionsedicts entstanden erneute Streitigkeiten mit den Stiftsherren und dem Bischofe von Speyer.

Im Mai 1627 wurde eine neue Rathsordnung aufgestellt: „wie sich jeder in allen Beziehungen, als Beamter oder Bürger, zu verhalten habe."

Im Dezember 1631 war König Gustav Adolph von Schweden mit seinem Heere auf dem linken Rheinufer angekommen, und gleich den anderen Städten hatte Landau dem siegreichen Könige sogleich die Thore geöffnet. Die Schweden besetzten hierauf die Stadt, und hielten sich daselbst auf, bis ihr Bundesgenosse, der König Ludwig XIII. von Frankreich, im Jahre 1633 durch den Grafen Arpajou sich Landau's bemächtigte, und es besetzte. Im März 1635, nachdem die Franzosen Speyer erobert hatten, machten sie ihren Alliirten, den Herzog Bernhard von Sachsen-Weimar, zum Statthalter dieser Stadt, und räumten ihm überdieß noch die Städte Weissenburg, Landau und Germersheim zur Unterbringung seiner Truppen ein.

Nach der entscheidenden Schlacht bei Nördlingen

stürmten die Oesterreicher abermals über das ausgesogene Rheinland her, nahmen i. J. 1636 auch Landau und besetzten es wieder. Im Juli 1639 nahmen die Truppen des Herzogs Bernhard von Sachsen-Weimar die Stadt ein, plünderten sie aus und zogen sodann ab, worauf die Oesterreicher wieder in die Stadt einzogen, und allda bis zum November d. J. verblieben, wo ihnen der französische Feldmarschall Herzog von Longueville Landau nach muthiger Vertheidigung wieder entriß.

Von nun an blieben die Franzosen im Besitze von Landau bis zu dem i. J. 1648 erfolgten westphälischen Frieden, kraft dessen dem Könige von Frankreich das Schutzrecht über die zehn Reichsstädte des Elsaßes, also auch über Landau, übertragen wurde. Nach dem Friedensexecutionsreceß des Jahres 1650 räumten die Franzosen die Stadt am 7. August desselben Jahres. Daß nun der König von Frankreich dieses ihm verliehene Schutzrecht so auslegte, als wären ihm hiedurch auch alle Hoheitsrechte über dieselben abgetreten, verursachte einen längeren Streit, der erst im Ryswicker Frieden i. J. 1697 endgültig entschieden wurde.

Die Stadt war durch den langen Krieg, die vielen Einquartierungen, Lieferungen und Plünderungen ganz herabgekommen; die Häuser waren zerfallen, die Menschen verwildert, und die meisten Familien gänzlich verarmt. Schaaren heimatlosen Volkes lagerten im Kreuzgange des Stifts und unter dem Kaufhause. Dem Schinder mußte verboten werden, kein Aasfleisch

mehr zu verkaufen, — so groß war Noth und Elend!
— Die Stadtcassa war so erschöpft, daß sie nicht einmal mehr den Todtengräber — den geringst Besoldeten — bezahlen konnte. — Auch die drei der Stadt zugehörigen Dörfer waren durch die gleichen Ursachen ganz verarmt, mit Schulden beladen, und an den Rand des Verderbens gebracht!

Landau unter französischem Schutze.
Von 1650—1697.

Von 1697 unter französischer Herrschaft.

Der erste französische Ober-Landvogt des Elsaßes war der Graf von Harcourt (1652—1658), dem der Cardinal Mazarin (1658—1661) folgte, welcher aber Krankheits halber nie in den wirklichen Besitz dieser Stelle kam, sondern sie i. J. 1661 an seinen Neffen den Herzog Armand Mazarin abtrat.

Schon i. J. 1658 hatte der französische König ein Edict erlassen, kraft dessen er das ganze Elsaß mit den zehn Reichsstädten als Landesherr in Besitz nahm, und in die Stadt Ensisheim im Oberelsaß einen Gerichtshof mit der Competenz letzter Instanz in allen Civil- und Criminalsachen einsetzte. — Vergebens protestirten die hiedurch in ihrer Reichsunmittelbarkeit bedrohten Reichsstädte. — Im Jahre 1661 beschloß Ludwig XIV. dieses Edict zu erneuern, die Abgeordneten der besagten Städte nach Hagenau einzuberufen, und sie dort den Eid der Treue und des Gehorsams leisten zu lassen. Zweiundzwanzig Tage lang stritten sich die Abgeordneten über die Formel des Eides und des deshalb auszustellenden Reverses, bis sie sich endlich fügten, und dem Oberlandvogt Herzog Mazarin den verlangten Eid leisteten. — Kaum war dieses geschehen, als von der französischen Regierung eine Menge Edicte erlassen wurden, welche die Reichsstädte nicht allein in ihrer politischen, sondern namentlich in ihrer religiösen Freiheit auf's äußerste beschränkten. In dieser Noth wendeten sich die Städte i. J. 1665 mit einer Beschwerdeschrift an den Reichstag, worin sie um ein Schiedsgericht zur Erledigung der obwaltenden Irrungen baten. Dieses Schiedsgericht, welches wirklich im September 1667 zusammentrat, kam jedoch zu keinem eigentlichen Beschlusse; ebenso resultatlos waren die erneuten Klagen, mit denen sich die Städte i. J. 1673 an den Reichstag zu Regensburg und an den Kaiser direct gewendet hatten.

Indessen hatte sich Landau von den Leiden und Drangsalen des dreißigjährigen Krieges so ziemlich wieder erholt; doch waren die Finanzen noch sehr zerrüttet. Im Jahre 1671 sah sich die Stadt, — um Geld zu bekommen, — genöthigt, die Herberge zum Maulbaum an einen gewissen Holzhauser zu verkaufen. Im Vorjahre war aus gleicher Ursache der steuer- und lastenfreie Stadtrath um die Hälfte vermindert worden.

Im Jahre 1671 war König Ludwig XIV. mit der Republik Holland in Krieg verwickelt worden, und, da er Lothringen weggenommen, auch mit dem deutschen Kaiser und mehreren andern Fürsten in Conflict gerathen. Um nun seine Gegner an der Rückeroberung Lothringen's zu hindern, hatte Ludwig XIV. seinen Feldmarschall Turenne an den Rhein beordert, und im November 1673 mit einer zweiten Armee das ganze Elsaß und die zehn Reichsstädte besetzt, — angeblich, um zu verhindern, daß letztere keine kaiserlichen Truppen aufnehmen möchten. Während dieses Krieges litt das ganze Elsaß und die Pfalz von den beiderseitigen Heeren ungemein, besonders aber Landau, welches überdies noch auf einem Streifzuge des Herzogs von Lothringen i. J. 1678 gestürmt und vollständig ausgeraubt wurde. Der Friede von Nymwegen setzte endlich i. J. 1679 diesem blutigen Kriege ein Ende.

Die Zeiten, die auf diesen Frieden folgten, waren für Deutschland ebenso schmachvoll als erniedrigend. Ludwig XIV. in seinem Uebermuth unterwarf sich alsobald die Reichsritterschaft und die Reichsstädte im Elsaß. Ueberdies errichtete er sogenannte Reunionskammern, welche auszumitteln hatten, welche Länder und Gebiete früher zu Frankreich gehört hatten; was nun diese Kammern als solche ehemalige Zugehöre erklärten, wurde sofort in Besitz genommen.

Oberlandvogt des Elsaßes war damals der französische General von Montclar. Mit ihm beginnt die Reihe jener französischen Beamten, welche Lanbau und seine Bürger mit ungerechtfertigten Forderungen, Bedrückungen aller Art und mit Verletzungen ihrer politischen und religiösen Rechte und Freiheiten so schwer heimsuchten.

Im Jahre 1680 erschien eine königliche Ordonnanz, durch welche das Alter der Kinder zur Abschwörung des Evangeliums und zur Annahme des römischen Glaubens, — das früher auf 14 und 12 Jahre bestimmt gewesen, — nunmehr für Knaben und Mädchen auf 7 Jahre herabgesetzt wurde; eine Maßregel, welche den belehrungssüchtigen katholischen Clerus zu den ungerechtesten Eingriffen in die heiligsten Rechte der Natur und der Familien veranlaßte.

In demselben Jahre finden wir auf einer Polizei-Verordnung zum ersten Male das neue französische Stadtwappen angebracht. Zu dem früheren Wappen waren noch rechts und links stehende Lilien, und über dem Ganzen eine Lilienkrone gekommen.

Im Jahre 1682 mußte ein katholischer Schullehrer, und i. Jahre 1683 ein französischer Sprachmeister in Landau aufgenommen und von der Stadt besoldet werden.

Um diese Zeit wurde das protestantische Kirchenwesen der Stadt mit dem Namen „Ministerium," und der älteste Pfarrer mit jenem „Senior" belegt.

Vom Jahre 1682 an beginnen auch die Plackereien mit der französischen Besatzung, deren Commandanten außer freier Wohnung, Holz und Licht, noch eine Gehaltszulage von Seite der Stadt verabreicht, sowie der Genuß der Wälle und Gräben, d. i. die Heu- und

Grummeternbte auf und in denselben, überlassen werden mußte.

Unter dem Schutze der französischen Civil- und Militärbehörden ließen sich viele arme Franzosen und viele Juden, — diese durch Bestechung der Beamten, — in Landau nieder, so daß nach Verlauf weniger Jahre die Juden wieder eine eigene Synagoge hatten. Im Jahre 1684 wurde angeordnet, daß Katholiken, welche sich in Landau ansäßig machen wollten, kein Einzugsgeld zu bezahlen hätten.

Der Stadtrath wurde damals auf folgende Art zusammengesetzt: er hatte zu bestehen aus 4 Bürgermeistern und 4 Marschällen, von denen je zwei immer Katholiken sein mußten, und ebenso hatten sich auch die übrigen Magistratsglieder nach Confessionen in zwei gleiche Hälften zu theilen. — Die Schultheiße der drei Dörfer durften von nun an nur Katholiken sein.

Im Jahre 1685 bestimmte eine königliche Ordonnanz, daß alle Bewohner Landau's die französische Kleidertracht anzunehmen hätten.

Die Befestigung Landau's durch Marschall Vauban, welche i. J. 1686 begann, soll im folgenden Abschnitte ausführlich besprochen werden.

Da der untere Leichenhof (in der Gegend des jetzigen Kugelgartens) theilweise in die Linie des neuen Walles fiel, so wurde im Mai 1688 ein neuer Kirchhof der Protestanten außerhalb der Festung auf dem Kaffenberge (wo gegenwärtig das Fort) angekauft und angelegt.

In der Nacht des 23. Juni 1689 entstand in Landau, ob aus Unvorsichtigkeit oder mit Absicht, eine schreckliche Feuersbrunst, wobei der größte Theil der Stadt in Flammen aufging. Dieses große Unglück hatte aber die Folge, daß die Stadt nach dem Brande viel schöner und regelmäßiger wieder aufgebaut, und die Straßen breiter und gerader gezogen wurden. Es entstanden damals nach und nach: die zwei großen Straßen (jetzige Markt- und Königsstraße), der viereckige Paradeplatz, das ansehnliche Rathhaus (1692, auf dessen Stelle das jetzige Gouvernementsgebäude), und das große Militärspital (i. J. 1737); sodann folgende Casernen: die sogenannte große Caserne, Quartier blanc, (wo gegenwärtig die „weiße Caserne"), die Schweizer-Caserne (jetzt rothe Caserne), und die beiden Reitercasernen, wovon die eine am deutschen Thore, (jetzt Caserne Nro. 108) i. J. 1715, und die andere am französischen Thore (jetzt alte Reitercaserne Nro. 106).

Als i. J. 1685 der Churfürst von der Pfalz ohne männliche Nachkommen gestorben war, forderte König Ludwig XIV. für die Herzogin von Orleans, einer Schwester des Verstorbenen, als Erbschaftstheil große Länderstriche, die man ihm nicht abtreten konnte noch wollte. Da überfiel Ludwig XIV. unvermuthet die Pfalz mit einem Heere von 20,000 Mann, und überließ dieselbe der Raub- und Mordlust seiner Soldaten, welche das ganze Land verwüsteten, und viele Städte, worunter Speyer, Heidelberg und Worms plünderten und verbrannten. —

Erst im Jahre 1697 endete dieser lange und grausame Krieg durch den Frieden zu Ryswick. Ludwig XIV. mußte Alles wieder herausgeben, was er kraft der Sprüche der Reunionskammern sich zugeeignet hatte; durfte aber alle im Elsaße gelegenen Städte und Dörfer, wozu man irrthümlich auch Landau rechnete, behalten. So ging also Landau mit seinen drei Dörfern Dammheim, Nußdorf und Queichheim erst durch den Ryswicker Frieden völkerrechtlich und vertragsmäßig an die Krone von Frankreich über.

Landau von den Franzosen befestigt.

Nach dem Frieden von Nymwegen beschloß Ludwig XIV. das seinem Schutze übergebene deutsche Gebiet gegen Außen zu schützen, und beauftragte seinen berühmten Ingenieur, den Marschall Vauban, zu diesem Behufe eine starke Festung an der Queich zu erbauen. Vauban hatte anfangs Queichheim dazu ausersehen, weil es entfernter von den Ausläufen der Vogesen liegt, und daher von diesen aus nicht dominirt werden konnte; — allein die Betrachtung, daß es dann leicht sein dürfte, die Queich abzuleiten und dadurch der Festung das Wasser zu entziehen, veranlaßte ihn, Queichheim aufzugeben und Landau hiefür zu bestimmen. Der Festungsbau wurde i. J. 1686 begonnen, der erste Minister Frankreichs Marquis de Louvois legte den Grundstein, und 14,000 Arbeiter waren täglich an dem Bau beschäftigt, da der König 16 Bataillone Truppen zu diesem Zwecke nach **Landau** beordert hatte, welche theils in der Stadt, theils in der Umgegend einquartirt wurden. Ein eigener schiffbarer Canal wurde zur schnelleren Beischaffung des Baumaterials von der Queich aus, von **Albersweiler** an bis an die Stadt, in gerader Richtung gezogen, woran täglich 1000 Bauern aus der Gegend graben mußten.

Marschall **Vauban** baute die Festung Landau nach seiner zweiten Manier, und schuf damit eines seiner Meisterwerke. Er umgab die Stadt mit einem grablinigen Walle, in Form eines Achteckes, in den ausspringenden Winkeln durch casemattirte Thürme flankirt, vor welchen detachirte Bastione, und zwischen diesen — Halbmonde erbaut wurden. Außerdem wurde der Platz durch ein vorzügliches Schleußensystem und ausgedehnte Ueberschwemmungen verstärkt. Die Queich, welche früher in mehreren Armen und Canälen durch die Stadt floß, wurde nunmehr in einem Bette vereinigt. Bei der Anlegung der zwei neuen Stadtthore mußte der deutsche Reichsadler den französischen drei Lilien weichen. Ueber jedes dieser Thore wurde oberhalb des französischen Wappens ein strahlendes Sonnenhaupt, das Sinnbild **Ludwig's** XIV. angebracht, und darüber die stolze Inschrift gesetzt: „Nec pluribus impar". (Auch mehreren gewachsen. *)

---

*) Quant à la devise du roi: „Nec pluribus impar," c'était un cri d'orgueil. Louvois l'expliqua ainsi: „Seul contre tous;" mais Louis XIV., dans ses Memoires lui

Wenn nun gleich der Festungsbau und die große Besatzung viel Geld nach Landau brachten, so betrug doch der Schaden, den die Stadt durch die Umwandlung in eine Festung an hinweggenommenen Häusern, Gärten und Aeckern erlitt, die Summe von 110,614 Livres.

Im Jahre 1700 wurde zur Verstärkung der Festung durch den Ingenieur en chef Villars eine Citadelle, das Fort, — ein Kronwerk von bastionärer Form, — auf dem Kaffenberge an der nordwestlichen Seite der Stadt angelegt und gebaut. Der erst 1688 angelegte Kirchhof der Protestanten an diesem Platze wurde nach Queichheim verlegt, und von da an bis zum Jahre 1827 die Leichen der Protestanten in Wagen auf den dortigen Leichenhof verbracht; — dieß der Ursprung der sogenannten Chaisen=Leichen. —

Im Jahre 1702 wurde an die Stelle des Gutleutehauses ein Wachthaus, und später — während der französischen Revolution — eine Schanze (jetzige Speyrer=Schanze Nro. 51) erbaut.

Im Mai 1711 ließ der damalige österreichische Gouverneur, Prinz Alexander von Würtemberg, — um die Südseite der Festung, welches die schwächste war, besser zu decken, — das Hochgericht oder den Galgen abwerfen, und daselbst eine feste

---

donne un autre sens: „Je suffirai à éclairer encore d'autres mondes," — ce qui au fond revient au même. (Histoire de Colbert, par Clément, pag. 330, note 2).

Schanze anlegen, welche man deßhalb die „Galgenschanze" nannte (das heutige Cornichon).

Im Jahre 1730 wurden von französischen Ingenieuren mehrere Vorwerke gebaut.

Die große Schleuße zwischen der Stadt und den sogenannten Daumühlen (Dammheimer= auch Dammühlen), und jene vor der Queichheimer= und Mörlheimer=Mühle wurden in den 1770er Jahren vom Oberingenieur Corbon erbaut.

Diese Daumühlen wurden i. J. 1792 abgebrochen, und die sogenannte Dammühlschanze Nro. 127 an dieser Stelle aufgeworfen.

Die vier Belagerungen Landau's.
Vom Frieden zu Ryswick bis zum Frieden von Baden.
Von 1697—1714.

Im Jahre 1698 wurde die Stadt in vier Viertel eingetheilt, deren jedes unter Aufsicht eines Viertelmeisters gestellt wurde.

Im Jahre 1701 brach der sogenannte spanische Successionskrieg zwischen Ludwig XIV., welcher seinen Enkel den Herzog von Anjou auf den erledigten spanischen Königsthron setzen, und dem Kaiser von Oesterreich, welcher solches nicht zugeben wollte, aus. Die ersten Feindseligkeiten fielen 1701 in Italien vor; aber im folgenden Jahre entbrannte der Krieg auch am Rheine. Der österreichische General Prinz Ludwig von Baden, ging im Monat Juni über diesen Fluß, schlug sein Hauptquartier in Langenkandel auf, ließ den in Landau commandirenden General Melac zur Uebergabe auffordern, und traf auf dessen Weigerung sogleich Anstalten zu einer förmlichen Belagerung, welcher auch der am 28ten Juli bei der Armee angekommene Kaiser Joseph I. vom Hauptquartier Ilbesheim aus, beiwohnte. Nach 84 Tagen einer ruhmvollen und tapferen Vertheidigung sah sich Melac gezwungen, zu capituliren. Die Capitulation fiel höchst ehrenvoll für Melac und die Besatzung aus. Am 10. September 1702 verließ die französische Garnison mit fliegenden Fahnen, mit Waffen, Munition und Gepäck die Festung, nachdem sie während der harten Belagerung bis auf 2200 Mann herabgeschmolzen war.

Die Franzosen konnten den Verlust von Landau nicht verschmerzen. Schon am 12. Oktober 1703 erschien der französische Marschall Tallard mit 15,000 Mann vor der Festung, um sie den Oesterreichern unter dem Gouverneur Grafen Friese wieder abzunehmen, und Vauban selbst leitete die Belagerungsarbeiten. Die Besatzung leistete aber tapferen Widerstand, und gut geleitete nächtliche Ausfälle fügten den Belagerern großen Schaden zu. Nichts desto weniger rückte die Belagerung immer weiter vor, und als noch die herbeieilenden Entsatz-Truppen unter dem Prinzen von Hessen-Cassel und dem Grafen von Nassau-Weilburg am Speyerbache überfallen und von den

Franzosen geschlagen wurden, konnte sich Gouverneur Graf Friese nicht länger der Ueberzeugung entschlagen, daß längerer Widerstand vergeblich sei. Es wurde nun unterhandelt, und dem Grafen Friese dieselbe ehrenvolle Capitulation gewährt, wie jene, welche General Melac ein Jahr vorher erhalten hatte. Die Franzosen rückten am 23. Nov. 1703 wieder in die Stadt ein, und die abziehenden Oesterreicher zählten nur noch 1600 gesunde und 800 verwundete und kranke Mannschaften.

Die Franzosen blieben aber nur ein Jahr lang Herren der Festung; denn als Prinz Eugen von Savoyen den französischen Marschall Tallard am 13. August 1704 bei Höchstädt auf's Haupt geschlagen, und bei seiner Verfolgung den Rhein überschritten hatte, rückte er mit einem Truppenkorps von 15,000 Mann vor Landau, und eröffnete am 14. September die Laufgräben gegen die Stadt. Kaiser Joseph I. wohnte dieser Belagerung abermals vom Lager zu Ilbesheim aus bei. Der Gouverneur der Festung war der umsichtige und tapfere Generallieutenant Laubanie. Seine Vertheidigung von Landau ist für die französischen Waffen im höchsten Grade ruhmvoll, und zwei angebotene ehrenvolle Capitulationen wurden von ihm höflich aber entschieden abgelehnt. Endlich nach einer Belagerung von 27 Tagen, als sich Generallieutenant Laubanie bei Besichtigung einer geschossenen Bresche von der Unmöglichkeit weiterer Vertheidigung überzeugt hatte, capitulirte er unter denselben günstigen Bedingungen, wie sie früher Me=

lac erhalten hatte, und die Franzosen zogen am 26. November 1704 aus der Stadt aus. Die Besatzung war von 6000 auf 3600 Mann herabgeschmolzen, und von diesen noch Uebriggebliebenen 1000 Mann kampfunfähig. Generallieutenant Laubanie selbst starb kurz darauf blind zu Paris, welches Unglück ihm während der Belagerung zugestoßen war, als ihm bei der Befehligung zweier Compagnieen Grenadiere durch ein Bombenstück eine Menge Kies in das Gesicht und in die Augen geschleudert worden war.

Frankreich schloß i. Jahre 1713 den Frieden zu Utrecht mit den andern kriegführenden Mächten, nur Oesterreich stellte, obwohl Ludwig XIV. ihm die Abtretung von Landau angeboten hatte, so harte Bedingungen, daß der Krieg zwischen ihm und Frankreich fortgesetzt wurde.

Ludwig XIV. aber, seiner übrigen Feinde los, konnte nun seine ganze Macht gegen Kaiser und Reich gebrauchen. Vor allen dachte er an die Wiedereroberung Landau's, das seit 1704 in österreichischen Händen geblieben war. Am 11. Juni 1713 wurde Landau von einem französischen Heere unter Marschall Bezons von allen Seiten eingeschlossen; am 24. desselben Monats wurden die Laufgräben eröffnet, und am 19. August sah sich der österreichische Gouverneur Prinz Alexander von Würtemberg trotz der heftigsten Vertheidigung gezwungen, wegen der Uebergabe der Festung zu unterhandeln. Die Besatzung, welche von 8500 Mann auf 4500, worunter 1500 kampfunfähig, zusammengeschmolzen war, mußte sich als kriegsgefangen ergeben, und am 21. Aug. die Stadt verlassen. Marschall Bezons, welcher während der Belagerung einen Arm verloren hatte, erhielt als Entschädigung dafür die Stelle des Festungs-Gouverneurs.

Bald nach der Einnahme Landaus wurden Friedensunterhandlungen angeknüpft, welche am 6. März 1714 den Frieden zu Rastatt mit dem Kaiser von Oesterreich, und am 7. September desselben Jahres den Frieden zu Baden in der Schweiz mit dem deutschen Reiche zur Folge hatten. Kraft des Letzteren verblieb die Stadt Landau mit ihren Dependenzien dem Könige von Frankreich.

In den beiden Belagerungen Landau's im Jahre 1702 und 1713 ließen die jeweiligen Festungs-Gouverneure Melac und Prinz Alexander von Würtemberg aus ihrem Silbergeschirre und aus jenem ihrer Offiziere Geld schlagen, welches aus achteckigen Münzen bestand; auf den von General Melac geschlagenen befanden sich Lilien und das Melac'sche Wappen, auf jenen vom Prinzen Alexander von Würtemberg geprägten das Würtemberg'sche Wappen; auf beiden war die Ziffer ihres Werthes nebst der Jahreszahl angegeben.

Am 4. Oktober 1714 passirte der vertriebene König Stanislaus I. von Polen die Stadt, und wurden ihm auf allerhöchsten Befehl bei Ankunft und Abfahrt die königlichen Ehren erwiesen.

Vom Frieden von Baden bis zur franz. Revolution.

Von 1714—1789.

Diese Periode, die Regierungszeit Ludwig's XV. 1715—1774, war im Ganzen eine Zeit der Ruhe und Ordnung für das ganze Elsaß und namentlich für Landau; denn obgleich einige neue für Frankreich verderbliche Kriege hineinfallen: wie der Krieg zwischen Spanien und Frankreich 1718, der Krieg um die Krone von Polen 1733—1735, der österreichische Erbfolgekrieg 1740—1748, und der siebenjährige Krieg von 1756—1763, so waren die eigentlichen Kriegsschauplätze doch so weit von der Stadt entfernt, daß sie von feindlichen Ueberfällen verschont blieb, und nur beschwerlichen Durchmärschen französischer Truppen und vorübergehenden feindlichen Streifereien in der Umgegend ausgesetzt war.

Der Wohlstand der Bürger war im Anfang dieser Zeitperiode durch die Kriege, viermaligen Belagerungen und fortwährenden drückenden Auflagen ganz zerrüttet, auch deren Erwerb durch die stets neuen Besteuerungen auf's Empfindlichste beeinträchtigt.

Im Jahre 1724 erschien eine Etiquette-Ordnung, wie die Rathsglieder, die Geistlichen 2c. 2c. nach Stand und Würden bei öffentlichen, geistlichen und weltlichen Aufzügen auf einander zu folgen hätten.

Vom Jahre 1756 verdrängte nach und nach die französische Sprache die deutsche aus den Protocollbüchern der Stadt, und wurde in letzterer Sprache nur das Wenige abgefaßt, worüber der protestantische Theil des Stadtrathes noch zu verfügen hatte.

Die Besatzung von Landau, als einer Grenzfestung Frankreichs, bestand immer aus einigen Regimentern Infanterie und mehreren Escadrons Cavalerie, was den Wohlstand der Bürger vermehren half, zumal die Truppen in Landau eine Löhnungszulage erhielten und die Offiziere, meist von reichen adeligen Familien, einen bedeutenden Aufwand machten. Außerdem kam noch durch die beständigen Festungsbauten viel Geld in Stadt und Umgegend.

Die große Ueberschwemmung, welche im Februar 1784 durch plötzlich eingetretenes Thauwetter entstand, veranlaßte eine großartige Regulirung des Queichbettes unter Leitung des berühmten Ingenieurs Favart. Die Queich erhielt eine geradere Richtung, ihr Bett eine tiefere und abschüssigere Lage, die an den Bach stoßenden Häuser wurden theils abgerissen, theils umgebaut, die Ufer vom Ein- bis zum Ausgang aus der Stadt mit Quadersteinen eingefaßt, und den beiden Mühlen eine andere Gestalt gegeben. — Von demselben Ingenieur bekam auch dessen Wohnung auf dem Walle über dem oberen Festungsthore die Gestalt, welche sie gegenwärtig — als Sitz der Geniedirection — noch hat.

Während des nordamerikanischen Freiheitskampfes, an dem sich Frankreich betheiligt und den Amerikanern

Hilfstruppen zugesandt hatte, war Landau ganz von Truppen entblößt, so daß die Bürgerschaft zünftenweise den Garnisonsdienst verrichtete.

Ausbruch der französischen Revolution.

Periode: Von 1789—1794.

Fünfte Belagerung Landau's im Jahre 1793.

Die furchtbare Schuldenmasse, womit die fortwährenden Kriege Ludwig's XIV., und die leichtsinnige Verschwendung und schlechte Haushaltung Ludwig's XV. Frankreich belastet, die großen sich immer mehrenden Abgaben, wodurch — bei der Steuerfreiheit der Geistlichkeit und des Adels — der dritte Stand, die Bürger- und Bauernklasse, bis auf's Aeußerste bedrückt waren, und die Characterschwäche Ludwig's XVI., der, trotz seiner trefflichen Eigenschaften, der Zeitlage nicht gewachsen war, riefen im Juli 1789 die erste französische Revolution hervor. In ihrem Verlaufe wurden der Adel und alle Feudalrechte abgeschafft, die Klöster und Zünfte aufgehoben, die Güter der Geistlichkeit und des ausgewanderten Adels nationalisirt, die Protestanten zurückberufen, das ganze Reich in 83 Departements eingetheilt, (Landau fiel in das Departement du Bas-Rhin), eine allgemeine Nationalgarde errichtet, und alle Bürger für fähig zu jeder öffentlichen Würde und Stelle erklärt.

In Folge dieser Institutionen wurde in den ersten Tagen des Februar 1790 zu Landau eine neue Municipalität gewählt, und am 17. desselben Monats feierlich installirt, wonach sich der bisherige Stadtmagistrat auflöste. Sonst ging der Uebergang zu der neuen Ordnung der Dinge in der Stadt, einige unbedeutende Straßenexcesse gegen mißliebige Personen abgerechnet, ruhig vorüber. Die Revolution rief, wie allenthalben in ganz Frankreich, so auch in Landau, den größten Jubel hervor. Freudig brachten die Landauer ihre Gaben „auf dem Altar des Vaterlandes" dar. Gold, Silberzeug und Schmuck, 34 Mark, wurden auf einmal nach Straßburg in die Münze geschickt. Ein zweites patriotisches Geschenk, 4500 Livres, ging im März 1790 nach Paris; und diesem folgten zwei Tage später die freiwilligen Gaben der Zünfte, 44 Mark, nebst einem silbernen St. Georg von der Ritterzunft und einer seltenen Goldmünze.

Die Constitution von 1791 wurde im ganzen Lande durch großartige Festlichkeiten gefeiert. So auch in Landau, wo zum Andenken daran auf dem Paradeplatze eine Bundes- oder Freiheitssäule, mit der Göttin der Freiheit auf der Spitze, errichtet und feierlichst enthüllt wurde.

Die ausgewanderten französischen Prinzen hatten den Kaiser von Oesterreich und den König von Preußen dahin zu bringen gewußt, am 25. August 1791 den Vertrag von Pillnitz, zur Herstellung der Monarchie in Frankreich, zu schließen, und schon im nächsten Frühjahr bewegten sich die deutschen Heere gegen die französischen Grenzen. Das hierauf in Frankreich erlassene Kriegsmanifest vom 20. April 1792 wurde im ganzen Lande, und auch in Landau, mit großem Pomp und unter lautem Jubel verkündigt. — General Custine eröffnete im September desselben Jahres den Feldzug am Rhein durch die Wegnahme von Speyer und Mainz; bei ersterer hatten die Landauer Nationalgarden wacker mitgeholfen, waren aber dann wieder nach Hause zurückgekehrt.

In Paris war unterdessen die königliche Familie am 13. August 1792 verhaftet und in den Temple abgeführt worden. Der am 11. September 1792 einberufene Nationalconvent decretirte die Absetzung des Königs und die Proclamirung der Republik. Bald darauf wurde eine Commission zur Untersuchung der gegen den abgesetzten König gerichteten Anklagen niedergesetzt, welche diesen nach längeren Verhören des Staatsverraths für schuldig erklärte und zum Tode verurtheilte. So wurde denn der unglückliche Ludwig XVI. am 21. Januar, und später die beklagenswerthe Königin Marie Antoinette am 16. Okt. 1793 hingerichtet.

Im Herbste 1792 war Custine von der preußischen Armee geschlagen und dadurch genöthigt worden, sich hinter die Weissenburger Linien zurückzuziehen, was die sofortige Einschließung der Festung Landau auf der deutschen Seite zur Folge hatte.

Die drohende Gefahr einer schweren Belagerung entmuthigte die Landauer Bevölkerung keineswegs: im Gegentheil, die Bürger zogen unter den Klängen einer

Militärmusik auf den Paradeplatz vor die dort errichtete Freiheitssäule und schwuren, „die Gefahr brüderlich zu theilen, standhaft zu ertragen, und ihre Festung mit Gut und Leben zu vertheidigen." Der katholische Pfarrer der Stadt Herr Ackermann hielt bei dieser Gelegenheit eine begeisternde Rede.

Am 8. April 1793 erfolgte durch den österreichischen General Wurmser, und am 7. Mai durch den Kronprinzen von Preußen die Aufforderung zur Uebergabe der Festung. Diese und spätere Aufforderungen blieben ohne Erfolg.

Der Festungs-Commandant General Laubadère ließ am 27. Juli in allen benachbarten Dörfern fouragiren, und brachte große Vorräthe von Vieh, Früchten, Heu und Stroh in die Stadt. Am 1. August wurde die Festung in Belagerungszustand erklärt; alle Garten- und sonstigen Anlagen rings herum wurden rasirt, in der Stadt selbst aber die Pfarrkirche und zwei große Magazine blendirt, um sie bombenfest zu machen. 52 Familien, welche außer Stand waren, sich auf sechs Monate zu verproviantiren, mußten die Stadt verlassen, und wurden vorläufig in der Gegend von Straßburg untergebracht.

Leider herrschte zwischen dem Gouverneur General Laubadère und zwischen dem von Landau in den Pariser Nationalconvent gewählten Pfarrer Denzel, einem durchaus ehrenwerthen Character, welcher als Volksrepräsentant zur Rheinarmee gesandt worden, und nun in Landau, seinem früheren Pfarrorte, weilte, und zwischen dem Truppencomman=

banten Brigade-General Delmas ein sehr gespanntes Verhältniß, was nicht allein auf die Truppen und auf die Bevölkerung der Stadt einen schlechten Einfluß übte, sondern sogar auf die Schreckenstage der Belagerung einen noch düsteren Schatten warf.

Die Besatzung bestand aus 9 Bataillons Infanterie, 6 Escabrons Cavalerie, 6 Batterien Artillerie, 1 Escabron Gendarmerie, und 1 Compagnie Genietruppen, im Ganzen aus 9300 Mann; hiezu kam noch die Landauer Bürger-Nationalgarde in der Stärke von 420 Mann. Letztere versah während der ganzen Belagerung den Dienst mit der Garnison, stellte täglich 117 Mann zur Wache, und die Kanoniere der Stadt bedienten die Batterie auf Rebuit 13.

Bis zum 13. Oktober 1793 war die Stadt von den Preußen nur cernirt, aber nicht beschossen worden. Der Feind hatte drei Batterien errichtet, eine zwischen Nußdorf und dem Fort in der sogenannten Mistgrube, die andere am Rothenweg gegen Dammheim zu, und die britte an der Queichlinie bei der Mörlheimer Mühle. Am 13. Oktober begann das Bombardement der Stadt, und dauerte mit kurzen Unterbrechungen bis zum 1. November. Der Schaden, welcher hieburch an Menschenleben, Häusern, Scheunen und Vorräthen angerichtet wurde, war sehr bedeutend. Namentlich ist zu beklagen, daß die Scheuer des Bürgerhospitals in Brand gerathen war, den unter ihr befindlichen Keller burchgeschlagen, und baburch das in diesem untergebrachte städtische Archiv entzündet und verbrannt hatte, woburch die werthvollsten Urkunden für die Stadt verloren gingen. — Vom 1. November an hörte das Schießen gänzlich auf. Neue Unterhandlungen wegen Uebergabe der Festung wurden angeknüpft, scheiterten aber an dem ungebrochenen Muthe und der Entschlossenheit der Besatzung und der Bürger.

Endlich am 28. Dezember 1793 schlug die heiß ersehnte mit so vielen Opfern erkaufte Stunde der Befreiung. Bei Tagesanbruch waren alle feindlichen Vorposten verschwunden, und die preußische Armee am Gebirge hinunter in vollem Rückzuge vor den vereinigten französischen Armee'n des Rheins und der Mosel unter Pichegru und Hoche. Große Freude und unbeschreiblicher Jubel herrschte in der Stadt über die unverhoffte Erlösung.

Gleich nach der Befreiung der Stadt erschien ein Decret des Nationalconvents zu Paris, wodurch derselbe vor ganz Frankreich erklärte: „**daß die Garnison und die Bürger von Landau sich um das Vaterland wohl verdient gemacht hätten.**"

Die Dörfer **Nußdorf** und **Dammheim** hatten — weil außer dem Schußbereiche — während der Blokade der Stadt nicht sonderlich gelitten, waren aber durch Einquartierung und Lieferungen stark in Anspruch genommen worden. Dagegen wurde Queichheim (oder le petit Landau, wie es die Franzosen nannten) fast ganz zerstört; so daß die Bauern nach ihrer Rückkehr sich besannen, ob sie das demolirte Dorf mit der zerschossenen Kirche wieder aufbauen, oder ein neues Dorf außer dem Schußbereiche der Festung weiter südöstlich an der Birnbach anlegen sollten, sich aber endlich doch für das Erstere entschieden.

Das Jahr 1794.

Das Zerwürfniß der Generale und höheren Offiziere der Besatzung mit dem Volksrepräsentanten Denzel artete, nachdem die Gefahren der Belagerung vorüber, in offene Feindschaft aus. Um den Anklagen des Letzteren zuvorzukommen, waren sie bemüht, die Bürgerschaft von Landau und ihren Abgeordneten Denzel beim Nationalconvent anzuschwärzen. Als daher Denzel einige Tage nach der Entsetzung der Stadt nach Paris gereist war, wurde er — anstatt mit Lob und Ehren empfangen zu werden — als Verräther verhaftet. Ebenso wurden in der Nacht vom 6. auf den 7. Januar 1794 38 der angesehensten Bürger der Stadt aus dem Bette geholt, und theils nach Pfalzburg, theils nach Paris transportirt, ohne daß man wußte, warum. Zum Glück starb Keiner unter den Händen des Scharfrichters. Erst der Tod Robespierre's am 28. Juli 1794 gab ihnen Allen die lang entbehrte Freiheit wieder.

Um diese Zeit wurden vom Militär-Gerichte zu Landau ein Bataillonschef und ein Hauptmann zum Tode verurtheilt, und zwischen den Gärten und der Stadt in der Nähe des katholischen Kirchhofs erschossen, weil sie sich Witze über die Republik erlaubt hatten.

Gleich darauf kam der Abgesandte der Pariser Schreckensregierung, der öffentliche Ankläger Eulogius Schneider in das Elsaß. Große Angst verbreitete sich über alle Gemüther, da man auf bloßen Verdacht hin eingezogen und hingerichtet werden konnte. Schon war die Guillotine auf dem Paradeplatze in Landau aufgerichtet, und stand dort mehrere Monate lang; aber der grausame fanatische Schreckensmann kam nicht nach Landau, da er unterdessen nach Paris berufen worden, und später dort hingerichtet wurde.

Die seltsamsten Neuerungen wurden damals eingeführt, und verursachten Verwirrung, Kummer und Bestürzung unter dem Volke. Ich will hier nur einige derselben anführen: Der seitherige Kalender wurde abgeschafft und der neue republikanische eingeführt, — der Glaube an Gott wurde aufgehoben, die Kirchen entweiht, und der Göttin der „Vernunft" Tempel errichtet, — die Lächerlichkeit des Duzens wurde allgemein, — und die Einführung des bald völlig entwertheten Papiergeldes, der Assignaten, brachte Tausende von Familien an den Bettelstab.

Die lange Blokade des Vorjahres und die beständigen Truppendurchmärsche waren die Veranlassung, daß in Landau Seuchen und ansteckende Krankheiten mit großer Heftigkeit ausbrachen.

In diese Zeit der Noth und des Schreckens fällt auch die, vom Pariser Wohlfahrtsausschuß angeordnete und durch eine eigene Commission gesetzlich betriebene sogenannte Ausleerung der Pfalz. Wie diese Commission hauste, stahl und raubte, bewies der

Ausspruch ihres Vorstandes, des berüchtigten Rougemaitre, welcher äußerte: „Il ne faut leur laisser que les yeux pour pleurer." Leider ließen sich einige wenige Landauer Bürger zur Betheiligung an dieser schändlichen Plünderung, namentlich bei der Plünderung zu Rhodt, hinreißen.

Der 20. Dezember b. J. war für die Stadt ein entsetzlicher Unglückstag, indem das, hinter der rothen Caserne und dem Rathhause, auf dem heutigen Zimmerplatze befindliche Zeughaus, worin sich eine große Menge laborirter Munition befand, um 1/2 9 Uhr früh in die Luft flog, und ungeheure Verheerungen anrichtete. Von den 616 Häusern der Stadt wurden 16 ganz demolirt, und 489 dergestalt beschädigt, daß sie nicht mehr bewohnbar waren, sondern starker Ausbesserungen bedurften. Vom Magazin selbst und von der dahinter liegenden Traverse des Hauptwalles (Nro. 151, nun Lit. H.), war keine Spur mehr zu sehen, und wurden von diesen beiden Gebäuden 8 Zentner schwere Steine auf 1/4 Stunde Weges weit fortgeschleudert; auch das vorne am Parabeplatz liegende dreistöckige Stadthaus (wo jetzt das Gouvernements-Gebäude) lag in Trümmern, und das auf dessen Thurme befindliche Glöckchen wurde erst später in der Gobramsteiner Gemarkung im Boden wieder gefunden, wohin es die Explosion entführt hatte. Die Anzahl der unglücklichen Opfer dieser traurigen Catastrophe ist nicht genau bekannt, aber die Anzahl der Verwundeten war beträchtlich.

Von 1799—1816.

Landau war durch die vorstehenden Ereignisse und durch die vielen Opfer, die es zum allgemeinen Besten gebracht, materiell ganz erschöpft, und, da die Kirchen und Schulen leer standen, auch in geistiger Hinsicht in einen bedauerlichen Stillstand gerathen. Aus dieser Ruhe ward die Bürgerschaft im Herbste 1799 durch einen furchtbaren Knall aufgeschreckt: ein im Fort aufgestellter Artillerie-Park war in die Luft geflogen. Muthig eilten die Bürger und die Besatzung mit Löschgeräthen hinaus; allein, wenn die heldenmüthigen Soldaten nicht mit wahrer Todesverachtung die durch die Explosion entzündeten Granaten und Bomben, deren eine Menge im Fort in Haufen vorräthig lagen, sogleich gelöscht und erstickt hätten, so würde, weil durch die furchtbare Erschütterung der Laden am dortigen Pulvermagazine aufgesprungen war, wenn Feuer in dasselbe gefallen wäre, die ganze oder doch der größte Theil der Stadt in einen Schutthaufen verwandelt worden sein.

Die Regierung der Republik Frankreich lag damals in den Händen von 5 Directoren, der gesetzgebende Körper bestand aus zwei Kammern. Uneinigkeit herrschte zwischen dem Directorium und den Räthen. Das ganze Land lag in Anarchie, die Unzufriedenheit wuchs. Von diesem schlechten Zustande der Dinge unterrichtet, verließ der in Aegypten commandirende General Bonaparte seine Armee, landete am 9. Okt.

1799 zu Frejus, kam den 16. zu Paris an, und war bereits am 25. November desselben Jahres erster Consul der Republik. Im Jahre 1801 ließ Bonaparte im ganzen Lande, und so auch in Landau, die Feier des Friedens von Lüneville auf's Festlichste begehen. Im Jahre 1802 wurde Bonaparte zum lebenslänglichen Consul, und i. J. 1804 zum Kaiser ernannt. Das Krönungsfest des Kaisers Napoleon I. wurde am 2. Dezember 1804 auf's Großartigste gefeiert, und die Statt mußte sogar mit bedeutenden Kosten einen Nationalgardisten nach Paris schicken, um bei dieser Feierlichkeit Landau zu repräsentiren. Doch konnte Kaiser Napoleon nie vergessen, daß die Bürger der Stadt Landau gegen seine Ernennung zum Kaiser gestimmt hatten, und betrat deshalb auch nie die Mauern von Landau, oder lieh den Beschwerden der Stadt ein geneigtes Ohr. Dieß abgerechnet, befand sich Landau in den Jahren des Kaiserreichs ganz wohl: unter einer wohlgeordneten Verwaltung blühten Künste und Gewerbe, die Bürger genossen einer vernünftigen Freiheit und der Früchte ihres Fleißes, die glücklichen Kriege brachten vieles Geld in Umlauf, das vorzügliche französische Gesetzbuch (code Napoléon) und die Institutionen des öffentlichen und mündlichen Gerichtsverfahrens, die Trennung der Justiz von der Verwaltung, die Gewerbefreiheit, die Gleichheit Aller vor dem Gesetze und in der Besteuerung, die Duldung in der Religion ꝛc. ꝛc. waren wohlthätige und kostbare Errungenschaften.

Kaiser Napoleon I. fand i. J. 1812 in den

Eisgefilden Rußlands das Ziel seiner ehrgeizigen Bestrebungen, und nach der 4 tägigen Völkerschlacht bei Leipzig (16.—19. Oktober 1813) ging sein Glücksstern gänzlich unter. In der Nacht vom 31. Dez. auf den 1. Jänner 1814 gingen die Truppen der verbündeten Mächte über den Rhein, um ihren Erbfeind in seinem eigenen Lande anzugreifen und zu vernichten. Schon am 14. Jänner war Landau von allen Seiten durch ein russisches Belagerungscorps eng eingeschlossen. Die Besatzung der Festung unter Commando des Generals Baron de Verrieres bestand aus wenig geübten Mannschaften von Depots verschiedener Regimenter, einem Bataillon Schweizer, einer Escadron Ehrengarden, 152 Artilleristen und einem Zuge Genie-Truppen, im Ganzen aus ungefähr 2900 Mann. Die bürgerliche Nationalgarde wurde mit zum Dienst verwendet und ihre Kanoniere halfen mit bei der Bedienung der Geschütze. Die Festung war nur mangelhaft mit Munition und Proviant versorgt.

Die russischen Vorposten standen vor Queichheim, Dammheim, Nußdorf, Godramstein, Kreuzmühle, Arzheimer Ziegelhütte, Wollmesheimer- und Impflinger Höhe, und bestanden aus Infanterie-, Dragoner- und Kosakenpikets; das Hauptquartier des commandirenden russischen Generals Sokolowsky war in Walsheim. Während der ganzen Cernirung wurde die Stadt nicht beschossen, dagegen aber von den Wällen der Festung öfters hinausgefeuert, sowie einige glückliche Ausfälle behufs Fouragirens unternommen.

Am 24. April 1814 kam der französische General Schramm mit einem Adjutanten von Straßburg in Landau an, und theilte dem Festungs-Gouverneur die Entsetzung Napoleons und die Thronbesteigung Ludwigs XVIII. mit. Als man an diesen beiden Herren die so verhaßte weiße Cocarde am Hut erblickte, entstand ein Auflauf hauptsächlich von Soldaten, welche die hinterbrachten Nachrichten für erdichtet hielten. Die weißen Cocarden mußten abgenommen, und General Schramm mit seinem Begleiter heimlich aus der Stadt geschafft werden. Man schickte nun eine Deputation nach Straßburg, um sich von der Wahrheit des Geschehenen zu überzeugen, und auf diese Gewißheit hin ward erst dem neuen König Louis XVIII. am 25. April 1814 gehuldigt, und hierauf die Cernirung aufgehoben. Die weiße Fahne verdrängte die dreifarbige, sowie die Lilie den gefürchteten Adler. Nach einem Beschlusse des Maire's vom 7. Mai wurde die Bundes- und Freiheitssäule auf dem Paradeplatze, von den Landauern „das Jaköbche",*) genannt, am 10. desselben Monats, abgebrochen.

Am Ostermontag des Jahres 1815 langte die

---

*) Vermuthlich vom Jakobinerklub her oder weil sie auf Jacobi aufgestellt worden war. Die Säule war schön aus gehauenen Steinen gearbeitet, oben darauf stand die Göttin der Freiheit mit der Lanze in der Hand, worauf eine Freiheitsmütze, später ein Adler.

Das „Jaköbche" soll in den Grundstein des jetzigen Gouvernementsgebäudes gelegt worden sein.

erste Kunde von der Rückkehr Napoleons von der Insel Elba, und von seiner Wieder-Thronbesteigung, in Landau an, und im Nu verschwanden Lilien und weiße Cocarden, — die Adler erstanden auf's Neue, und die alte liebgewordene Tricolore wehte abermals in die frische Frühlingsluft hinaus.

Am folgenden Tage wurde diese Nachricht der Besatzung mitgetheilt, und bald darauf kam General Graf Rapp von Straßburg, um die Truppen zu mustern, in den Waffen und im Festungsdienst zu üben, und die Festung mit Proviant und Munition reichlich versehen zu lassen. Die Besatzung bestand meist aus Conscribirten, ferner aus 1 Bataillon vom 40. Regimente, aus 100 Mann Artillerie, 30 Sappeurs, 1/2 Escabron Chasseurs, und endlich aus den Grenadier- und Jäger-Compagnieen der Landauer Nationalgarde, und der ganzen Mannschaft aus dem Bezirk Weissenburg, welche ein sehr schönes trefflich geübtes Bataillon bildete. Die Landauer Kanoniere versahen wieder den Dienst gemeinschaftlich mit jenen der Linie. General Rapp übertrug am 16. Juni 1815 die Vertheidigung der Festung dem rühmlichst bekannten tapferen General Geiter. Am 18. Juni wurde Landau von den verbündeten deutschen Truppen, und zwar von einem Corps aus Preußen, Westphalen und Würtembergern bestehend eingeschlossen. Da sich die Festung selbst nach der für die Verbündeten siegreichen Schlacht von Waterloo (18. Juni) nicht ergeben wollte, so wurde sie in der Nacht des 22. Juli, jedoch nur eine halbe Stunde lang, beschossen, da die Geschütze der Galgenschanze (Cornichon) das deutsche Feuer sogleich zum Schweigen brachten. Nach der abermaligen Verzichtleistung Napoleons auf den Thron Frankreichs öffnete auch die Landauer Besatzung ihre Thore; — am 25. August 1815 wurde die Blocade aufgehoben, die dreifarbigen Fahnen verschwanden, und 101 Kanonenschüsse verkündeten die wiedergekehrte Herrschaft der Bourbonen.

Die verbündeten Truppen blieben bis zum 11. Dezember 1815 im Lager um Landau herum liegen, an welchem Tage, gemäß des zweiten Pariser Friedens vom 20. November dieses Jahres, Landau und das Land zwischen der Lauter und der Queich an Deutschland abgetreten würde, die Franzosen aus der Festung zogen, und vorläufig die Oesterreicher einrückten.

Nußdorf, Dammheim und Queichheim wurden auch bei dieser letzten Blocade wieder sehr hart mitgenommen, und ihre Ausgaben für die Verproviantirung der Festung, sowie für die Verpflegung des Belagerungscorps waren sehr bedeutend.

Die Stadt Landau blieb nicht lange unter der provisorischen Herrschaft Oesterreichs, sondern — nachdem sie durch die Uebereinkunft vom 3. November 1815 zur deutschen Bundesfestung erklärt worden war, wurde sie nebst den Gebietstheilen des linken Rheinufers, die den heutigen Pfalzkreis oder die Pfalz ausmachen, von Oesterreich an Bayern abgetreten. König Maximilian I. von Bayern nahm hierauf vermöge Patents vom 30. April 1816 diese neu erworbene Provinz am 1. Mai in Besitz, und dieselbe bildet seitdem einen Bestandtheil des Königreichs Bayern.

Landau unter königlich bayerischer Herrschaft.

Die heutige Pfalz hieß nach ihrer Einverleibung in die Krone Bayern anfangs: „Bayrische Lande auf dem linken Rheinufer," oder auch blos: „Bayrische Lande am Rhein;" — erst unterm 20. Februar 1817, bei der Eintheilung des Königreiches in acht Kreise, entstand der Name „Rheinkreis," der am 29. November 1837 in „Pfalz" abgeändert wurde.

Schon im Juni 1816 besuchte König Maximilian I. seine neue Provinz, und hielt sich zwei Tage in Landau auf, wo er im Hause des Medizinalraths Dr. Pauli in der Königsstraße abstieg und dort dieselben Zimmer bezog, die er früher als Oberst des in der Stadt gelegenen französischen Regiments Alsace bewohnt hatte.

Die Erndte des Jahres 1816, welche nicht nur am Ertrag, sondern auch an Güte der Früchte durchaus fehlschlug, da es beinahe immer regnete, so daß das Getreide weder gedeihen, noch zur Reife gelangen, und erst später halb vermodert eingesammelt werden konnte, brachte jene große Theuerung und Hungersnoth hervor, von der heut zu Tage noch gesprochen wird.

Der allverehrte Landesvater König Maximilian I. starb, zum großen Schmerz seines ganzen Landes und namentlich seiner neuen Pfälzer Unterthanen, in der Nacht vom 12. auf den 13. Oktober 1825.

In das Jahr 1826 fallen zwei für die Stadtkasse und für den Wohlstand der Landauer Bürger äußerst vortheilhafte Vorgänge:

Erstens: die Theilung der Geraidewaldungen zwischen der Stadt und den betheiligten Dörfern, wodurch Landau im Hinterwald 1653 Hectaren Wald, Wiesen und Aecker, im Schätzungswerth von 209,110 fl. erhielt. Ihren Antheil am Vorderwald hat die Stadt am 25. Juni 1827 in einer öffentlichen Versteigerung den Gemeinden: Birkweiler, Frankweiler, Queichhambach und Siebeldingen eigenthümlich überlassen.

Zweitens: der Vergleich mit der Gemeinde Queichheim, wegen des früher immer streitigen Horstes, wodurch der Stadt der bedeutendste Theil desselben zufiel, der — außer dem i. J. 1828 dem Militär=Aerar zum Exerzierplatz verkauften Stücke, das sogenannte Knörringer=Eck, — nun in einträgliche Wiesen, Aecker und Pflanzstücke verwandelt ist.

Im Juni 1829 machte König Ludwig I. mit der Königin Therese eine Rundreise durch die Pfalz, und beglückte die Stadt durch zweitägigen Aufenthalt in ihren Mauern.

Die feierliche Uebergabe der Bundesfestung an den hohen deutschen Bund fand am 27. Januar 1831 zu Landau statt. Als Uebergabs-Commissäre waren von Seite Bayerns: der königliche Staatsrath Generallieutenant Freiherr von Cologne und der Brigadier Generalmajor von Theobald; — als Uebernahms-Commissäre von Seite der Bundes-Militär-Commission: Sr. Excellenz der kgl. preußische Generallieutenant Freiherr von Wollzogen und der kgl. niederländische Generalmajor Freiherr von Tengnagell; — und als Territorial-Commissäre anwesend: der bahr. Oberstlieutenant vom Generalquartiermeisterstab Freiherr von Völderndorff, und der bahr. Regierungs-Präsident von Stichaner.

Am 29. Juli 1833 begannen in Landau die Assisen-Verhandlungen gegen Dr. Wirth, Dr. Siebenpfeiffer, Hochdörfer, Scharpff, Becker, Dr. Grosse, Dr. Pistor, Rost, Baumann, Schüler, Savoye, Geib und Eifler wegen ihrer Thätigkeit mit Wort und Schrift bei der politischen Bewegung der Pfalz im Jahre 1832, und endeten mit Freisprechung. Die Verhandlungen, bei denen der berühmte Erfinder der Stenographie Gabelsberger als Reporter mitwirkte, erschienen im Druck und Verlag bei Georges unter dem Titel: „Tags-Neuigkeiten."

Vom Jahre 1846—1851 ließ König Ludwig I. nach dem Plane des Directors von Gärtner, $\frac{1}{2}$ Stunde von dem freundlichen Städtchen Edenkoben am Fuße der Ruine Rietburg, an einem der schönsten Punkte der Pfalz die prächtige Villa Ludwigshöhe erbauen, welche bei ihrer entzückenden Lage und herrlichen Fernsicht ohne Zweifel einer der Glanzpunkte am ganzen Gebirge ist. Gerne weilt der greise König in seiner schönen Pfalz auf dem ihm liebgewordenen Landsitze, wo er als Privatmann in stiller Zurückgezogenheit lebt, und von Alt und Jung gekannt und verehrt der Wohlthäter der ganzen Gegend geworden ist.

Die politischen Ereignisse der Jahre 1848 und 1849 entziehen sich, als zu nahe liegend, vorderhand noch der näheren Beleuchtung und Beurtheilung von Seite des Lokalhistorikers, können demnach eine Besprechung in diesen Blättern nicht finden.

Am 20. März 1848 legte König Ludwig I. die Krone zu Gunsten seines Sohnes, des Königs Maximilian II., nieder. Dieser hatte schon als Kronprinz im Jahre 1843 die Pfalz und Landau besucht, und wiederholte dies als König in den Jahren 1858 und 1860 zur allgemeinen Freude. König Maximilian II. war durch sein leutseliges, wohlwollendes Auftreten, durch seine Besorgtheit für das allgemeine Volkswohl, und durch seine Bemühungen; den Wünschen seiner Unterthanen gerecht zu werden, im ganzen Lande hoch beliebt. Sein Wahlspruch: „Ich will Frieden halten mit meinem Volke!" ist der schönste Beweis seines edlen, nur für das Große empfänglichen Herzens, und wird seinen Namen von der dankbaren Mitwelt auf die spätesten Generationen vererben.

Leider starb König Maximilian II. zur großen Trauer des ganzen Landes am 10. März 1864, und der seitherige Kronprinz bestieg als König Ludwig II. den Thron.

Gleich im 2. Jahre seiner Regierung bestimmte König Ludwig II., aus Allerhöchsten Wohlwollen für die Bewohner Landau's, daß der seitherige für die Handels- und Verkehrsinteressen der Stadt und Umgegend so nachtheilige Schluß der beiden Festungsthore zur Nachtszeit dahin abgeändert werde, daß, — besondere Verhältnisse abgerechnet — das deutsche Thor bei Tag wie bei Nacht geöffnet bleibe, das französische Thor aber erst um 10 Uhr Nachts gesperrt und in der frühesten Morgenstunde wieder geöffnet werde; — eine Wohlthat, wofür die Landauer ihrem hochherzigen jungen Könige und Herrn mit innigster Dankbarkeit und Verehrung verbunden bleiben. —

Die Bundesfestung Landau steht unter dem Oberbefehle eines Gouverneurs, dem ein Festungs-Commandant, ein Artillerie- und ein Genie-Director zur Seite stehen. Die Besatzung besteht gegenwärtig aus ungefähr 2400 Mann aller Waffen bayerischer Truppen.

Im Jahre 1823 ließ die bayrische Regierung das jetzige Gouvernements-Gebäude, an Stelle des i. J. 1794 durch die Explosion des Zeughauses zerstörten Rathhauses, und i. J. 1832 die weiße Caserne, an Stelle des ehemaligen Quartier blanc, und in demselben Jahre die neue Reitercaserne aufführen.

An den beiden schönen Brunnen am Paradeplatz (früher place d'armes, nun Max-Josephs-Platz) wurden in den Jahren 1823 und 1824 Gedenktafeln eingefügt, mit folgenden Inschriften:

Am Brunnen rechts:

„Am XIII. Juli MDCCCXXIII wurde unter der glorreichen Regierung Seiner Majestät des Königs Maximilian Joseph von Bayern an dem allerhöchsten Geburtsfeste Ihrer Majestät der Königin Caroline Wilhelmine der Grundstein zu dem Commandanten-Gebäude feierlich gelegt."

Am Brunnen links:

„Am XVI. Februar MDCCCXXIV wurde das 25jährige Regierungs-Jubiläum Seiner Majestät des Königs Maximilian Joseph von Bayern von der Garnison und von der Einwohnerschaft auf diesem Waffenplatz mit freudigem Jubel gefeiert, und zum bleibenden Andenken dieser Waffenplatz der Festung Max-Josephs-Platz genannt."

Im Jahre 1859 ging die Festung in die unmittelbare Verwaltung des hohen deutschen Bundes über, welche verschiedene Militär-Neubauten anordnete, die fast sämmtlich unter der Direction des verdienstvollen Genie-Obersten Mager ausgeführt wurden, dem die Bewohner der Stadt auch die schönen blumenreichen Anlagen auf dem innern Glaciswege der Festung, einem allgemein beliebten Spaziergange, verdanken. Die wichtigsten dieser Militärbauten sind: das neue Kriegsspital, — die Proviantmagazine nebst Kriegsbäckerei, — das Schlachthaus, — mehrere Artillerie-Remisen, — verschiedene Magazins-Gebäude, — eine neue Caserne im Fort, — und ein Vorwerk auf der Wollmesheimer Höhe.

Während der französischen Revolution war Landau nur der Sitz eines Rentamts und eines Friedensgerichts für den ganzen Canton; seitdem es unter bayrische Herrschaft gekommen, wurden nach und nach folgende königliche Stellen in die Stadt verlegt: ein Bezirksamt, ein Rentamt, ein Hypothekenamt, ein Bezirksgericht mit 6 Advokaten und 4 Huissiers, ein Landgericht, ein Polizeicommissariat, ein Nebenzollamt, eine Salzfactorie, ein katholisches Pfarramt, ein protestantisches Decanat, ein protestantisches Pfarramt, eine Postverwaltung, eine Poststallhalterei, ein Telegraphenamt, der Fabrik- und Handelsrath für den Bezirk, das Bezirks-Comite des landwirthschaftlichen Vereins; — ferner: 1 Bezirksarzt, 1 Bezirksthierarzt, 4 Notäre, 1 Forstgerichtsbote, 1 Bezirksgeometer, 1 Bezirksrabbiner, 1 Steuer-Einnehmer, 1 Steuerbote, 1 Bezirksbauschaffner, und 1 Verificator für Maaß und Gewicht.

In der Stadt befindet sich das Bezirks- und Polizeigerichtsgefängniß, (i. J. 1850 vom Staate erbaut).

Nach der Unions-Volkszählung des Jahres 1864 betrug die Civilbevölkerung der Stadt 6219 Seelen, worunter 2720 Katholiken, 3118 Protestanten, 4 Wiedertäufer und 377 Israeliten.

Die Verwaltung der städtischen Angelegenheiten steht unter einem Bürgermeister, dem zwei Adjunkten und der Stadtschreiber, welcher zugleich Octroi-Controleur, beigegeben sind. Zu den städtischen

Beamten zählen noch der Gemeinde-Einnehmer und zwei Octroi-Einnehmer. — Der **Stadtrath**, welcher dem Bürgermeisteramte zur Seite steht, besteht aus 24 Gliedern.

In Landau sind folgende Schulen und sonstige Bildungsanstalten:

Eine Lateinschule (1819 gegründet und 1865 zur Kreisanstalt erhoben), eine Gewerbschule (1832 gegründet), 5 katholische, 5 protestantische, 1 israelitische deutsche Schulen, ein Stenographen-Verein (1859 gestiftet), zwei höhere Töchterschulen, und 4 Kleinkinderbewahranstalten.

Wohlthätigkeitsanstalten besitzt die Stadt in: einem Bürgerhospital, einem Waisenhause (i. J. 1850 von dem damaligen Bürgermeister Johann Lang aus eigenen Mitteln gegründet), einer Armenpflege, einer Sparkassa (seit 1836) und einer Leihanstalt (seit 1842).

Die in Landau bestehenden **Vereine**, deren Zwecke schon durch ihre Namen angedeutet werden, sind folgende:

Casino, Gewerbsverein, Vorschußverein, Section des Pfälzer Vereins für sittliche Besserung verwahrloster Kinder und entlassener jugendlicher Correctionäre, Allgemeiner Männer- und Frauen Hilfs-Verein, Israelitischer Unterstützungs-Verein, Frauen-Verein zur Unterstützung armer Wöchnerinnen, Musikverein, Schützenverein, Turnverein, Feuerwehr, St. Johannis-Zweigverein.

Neubauten wurden auf Kosten der Stadt aufgeführt:

Forsthaus am Taubensuhl (Landauer-Wald) 1826; Katholische Schulhäuser 1827 — Protestantische Schulhäuser 1830 — Protestantisches Pfarrhaus 1837 (errichtet durch die protestantische Cultusgemeinde) — Restauration des Kaufhauses 1838 — Octroihaus am deutschen Ravelin 1857 — Octroihaus im französischen Ravelin 1859 — Bürgerhospital 1861 — Holzhüterhaus im städtischen Holzhofe bei der Spitalmühle 1861.

Am 23. und 24. Oktober 1855 wurde die an Landau vorüberführende **Maximilians-Eisenbahn** in feierlicher Weise eröffnet.

Im Jahre 1861 wurde in der Stadt durch eine Aktiengesellschaft **Gasbeleuchtung** eingeführt.

Am 6. Mai 1866 wurde in der ganzen Pfalz das Gedächtniß der fünfzigjährigen Vereinigung der Pfalz mit Bayern mit ungeheuerm Enthusiasmus und jubelnder Betheiligung der gesammten Bevölkerung der Provinz gefeiert, und zwar durch ein großes Centralfest in Kaiserslautern und durch kleinere Feste in allen Städten und Landgemeinden. So auch in Landau, wo der Jubeltag bei gehobener Stimmung der Bewohner mit Festmarsch durch die Straßen der Stadt, Decorirung der Häuser, Gottesdienst, Armenspenden und Illumination feierlich begangen wurde.

Unter der milden und wohlwollenden bayrischen Regierung, bei einem fünfzigjährigen ununterbrochenen Frieden, und durch den Zusammenfluß der günstigsten äußern und innern Umstände und Verhältnisse ist die

Stadt Landau gegenwärtig zu einer bedeutenden Höhe von Reichthum und Wohlstand gelangt. Die starke Besatzung der Festung, durch welche fortwährend sehr viel Geld in Umlauf gesetzt wird, — die ständigen Festungsbauten, welche alle Gewerbe und die arbeitende Classe unausgesetzt beschäftigen und bedeutenden Gewinn abwerfen, — die vielen königlichen Civilstellen, durch welche der Stadt großer Zuspruch aus dem ganzen Bezirke, und dadurch vortheilhafter Erwerb zugeht, — die Jahr-, Frucht- und Wochenmärkte, welche den lebhaftesten Handelsverkehr in der Stadt und mit auswärts unterhalten und vermitteln, sind eine unversiegbare Nahrungsquelle und der Grund des allgemeinen Wohlstandes. Aber nicht diesen glücklichen Verhältnissen allein verdankt Landau seine hohe Bedeutung und seine Stellung unter den Städten der Pfalz und von ganz Bayern: — es verdankt sie namentlich der Thätigkeit, Arbeitsamkeit, Umsicht und Rührigkeit seiner Bürger, deren Streben, im Einklang mit den Fortschritten und Errungenschaften der Neuzeit, immer noch im Zunehmen begriffen ist, und von der Häuslichkeit und rüstigen Regsamkeit der Frauen auf's Beste und Förderlichste unterstützt wird.

Verzeichniß
der
Gouverneure oder ersten Commandanten von Landau.

Im Jahre 1621	der Mansfeld'sche General Graf von Löwenstein.
„ „ 1622—31	„ österr. Oberst Ascanius von Ochtersheim.
„ „ 1631—33	ein schwedischer General.
„ „ 1633—35	„ franz. General.
„ „ 1635	die Generale des Herzogs Bernhard von Weimar: Graf von Nassau und Ohm.
„ „ 1637	der österr. Oberstlieutenant von Pemberg.
„ Juli 1639	„ „ Oberst Baumberger.
„ Nov. 1639	„ franz. Feldmarschall Herzog von Longueville.
„ Jahre 1644	„ „ General Herzog von Enghien.
„ „ 1646	„ „ „ Vicomte de Turenne.
„ „ 1647	„ „ „ von Schmittberg.
„ „ 1647	„ „ „ von Schönbeck.
„ „ 1674—75	„ „ Oberst de Bandeville.
„ „ 1677—78	„ österr. „ Stabel.
„ „ 1678	„ „ „ Streiner.
„ „ 1678—79	„ „ Oberstlieutenant Dolne.
„ „ 1683	„ „ Major von Bellecroix.
„ „ 1702	„ franz. General Melac (1te Belagerung.)
„ „ 1703	„ österr. General Graf Friese. (2te Belagerung.)

Im Jahre 1704		der	franz. Generallieutenant Laubanie (3te Belagerung.)	
„ Nov. 1704		„	österr. General Graf Friese.	
„ Jahre 1713		„	„ „ Prinz Alex. von Würtemberg. (4te Belagerung.)	
„ Aug. 1713		„	franz. Feldmarschall Bezons.	
„ Jahre 1715		„	„ General von Savines.	
Vom „ 1715—93		Französische Generale, deren Namen unbekannt.		
Im „ 1793		der franz. General Gilot.		
		„ „ „ Beauharnais.		
		„ „ „ Laubadère. (5te Belagerung.)		
Vom „ 1803—12		„ „ „ Jorby.		
Im „ 1814		„ „ „ Baron de Verrières. (1te Cernirung.)		
„ Mai 1814		„ „ „ Gerard.		
„ Jahre 1815		„ „ „ Geiter. (2te Cernirung.)		
Vom Aug. 1815 bis Nov. 1816 der österr. Feldmarschall-Lieutenant Mazzuchelli.				
Im Novbr. 1816 der bayer. Generalmajor Habermann.				
Von 1816—1837	„ „	Generallieutenant von Braun.		
„ 1837—1842	„ „	Generalmajor von Mölter.		
„ 1842—1845	„ „	„ von Baligand.		
„ 1845—1848	„ „	„ von Fritsch.		
„ 1848—1849	„ „	„ Frhr. von Jeetze.		
„ 1849—1850	„ „	„ „ von Pflumern.		
„ 1850—1853	„ „	„ „ von Brandt.		
„ 1853—1855	„ „	„ „ von Gumppenberg.		
„ 1855—1866	„ „	Generallieut. von Schnizlein.		
Seit 1866	„ „	Generalmajor Ritter von Neumayer.		

Verzeichniß
der
Maires und Bürgermeister der Stadt,
(von der französischen Revolution an.)

Maires und Municipal-Agenten:

Vom Februar 1790 bis Juni 1790: Isaak Barthelemy.
„ Juni 1790 „ Nov. 1791: Johann Christoph Haas.
„ Nov. 1791 „ Febr. 1793: Johann Jakob Glöckner.
„ Febr. 1793 „ April 1794: Johann Jakob Gries.
„ April 1794 „ Sept. 1794: Sebastian Frick.
„ Sept. 1794 „ April 1795: der vorgenannte Glöckner.
„ April 1795 „ Nov. 1795: Ludwig Groß.
„ Nov. 1795 „ Febr. 1796: Georg Drapeau.
„ Febr. 1796 „ April 1797: Georg Jakob Klee.
„ April 1797 „ Sept. 1797: Joh. Christoph Schmitt.
„ Sept. 1797 „ Jan. 1798: der vorgenannte Klee.
„ Januar 1798 „ Juli 1800: der obengenannte Gries.
„ Juli 1800 „ Juni 1813: Anton Demontant.
„ Juni 1813 „ März 1815: Samuel Schröder.
„ März 1815 „ Aug. 1815: Georg Albert Mayer.
„ August 1815 „ Juni 1816: der vorgenannte Schröder.

Bürgermeister:

Vom Juni 1816 bis 1825: Joh. Jakob Schattenmann.
Von 1825 „ 1833: Johann Schickenbantz.
„ 1833 „ 1834: Joh. Jakob Schattenmann.
„ 1834 „ 1843: Johann Schickenbantz.
„ 1843 „ 1848: Friedrich Norbert Mahla.
„ 1848 „ 1857: Johann Lang.
„ 1857 „ 1862: Carl Hoffmann.
Seit 1862 Dr. Julius Eichborn.

Kurze chronologische Uebersicht der Hauptmomente in der Geschichte der Stadt und Festung Landau.

Jahr	
1256	Graf Emich IV. von Leiningen legt eine feste Stadt zwischen den nahe bei einander liegenden Dörfern: Oberbornheim, Eutzingen, Mühlhausen und Servelingen an, veranlaßt deren Bewohner allmählig zur Uebersiedlung, vereinigt die Bänne der drei erstgenannten Orte zur Mark der neuen Stadt, und heißt diese Schöpfung: Landow (des Landes Aue.)
1274	Kaiser Rudolph I. verleiht dem Flecken (oppidum) Landau alle Rechte und Freiheiten, wie solche die Reichsstadt Hagenau besaß.
1276	Graf Emich IV. beruft einige Augustiner-Mönche, „von der Steige" oder „Steigerherrn" genannt, nach Landau.
1285	Die Steigerherren erbauen das Kloster und die Kirche zu unserer lieben Frau;" der Kirchhof wird nördlich und westlich der Kirche angelegt. Der Thurm wurde 1349, der Kreuzgang 1362 gebaut.
1290	Muthmaßliche Erbauung des „Bürgerhospitals" in, und des „Gutleuthäuschens" außerhalb der Stadt.
1291	Kaiser Rudolph I. erhebt Landau zur freien Reichsstadt, und gewährt ihr das Beholzigungsrecht in den Haingeraibewaldungen.
1292	Kaiser Adolph von Nassau schenkt der Stadt den kaiserlichen Dinghof zu Dammheim, wodurch dieses Dorf in den Besitz von Landau kommt.

Jahr	
1294	Dieser Kaiser schenkt den Steigerherren die Pfarrei Queichheim.
1300	Stiftung des Augustiner-Eremiten Klosters. Die Kirche und die Conventsgebäude wurden 1405—13 vollendet.
1303	Die Stadt erwirbt das Dorf Queichheim.
1313	Wüthet die Pest in Landau.
1313—22	In den Kriegen zwischen Ludwig dem Bayer und Friedrich dem Schönen von Oesterreich steht Landau auf Seite des Letzteren.
1322	In der Herberge zum „Maulbaum" wird eine Capelle, dem heiligen Urban geweiht, erbaut.
1324	Kaiser Ludwig der Bayer verpfändet die Stadt an den Bischof von Speyer.
1344	Erbauung der Catharinen-Capelle, welche „Klausnerinnen" zugewiesen wird.
1348	Abermaliges Auftreten der Pest.
1349	Kaiser Carl IV. bestätigt die Pfandschaft von Landau an das Speyrer Domcapitel.
1349	Judenverfolgungen. Herumziehen größerer Haufen von Büßern, „Geißlern." Hexenprocesse. Vehmgerichte.
1432	Der Stadtrath gründet eine Lateinschule.
1448—50	Fehde der Stadt mit Ritter Heinrich Holzapfel von Herxheim.
1483	Das Priorat der Steigerherren wird in ein weltliches Chorherrnstift verwandelt.
1500	Uebereinkunft der Stadt mit dem Churfürsten der Pfalz wegen „sicheren Geleites."
1508	Nonnen, sogenannte Beguinen, übernehmen die Pflege der Kranken in der Stadt.
1508	Die Stadt kauft das Dorf Nußdorf von Conrad von Heideck.
1511	Kaiser Maximilian I. hebt die Pfandschaft an Speyer auf.

Jahr	
1517	Fehde der Stadt mit Franz von Sickingen.
1521	Einverleibung der Stadt in die Reichsstädte des Elsaßes.
1522	Der Prediger Johannes Baber verkündet in Landau den evangelischen Glauben, zu dem sich nach und nach die ganze Bürgerschaft bekennt.
1522	Große Versammlung der Ritterschaft von Franken, Schwaben und vom Rheine zu Landau, welche hier den berühmten „Landauer-Bund" schließen.
1525	Wird die Stadt in dem damaligen Bauernkriege von einem Haufen Bauern, jedoch erfolglos, berannt.
1527	Gründung einer deutschen Schule.
1528	Auftreten der Secte der „Wiedertäufer."
1552	Brandschatzung der Stadt durch den Markgrafen Albrecht von Brandenburg, mit dem Beinamen „Alcibiades."
1554	Anlegen eines Leichenhofes für die Evangelischen an der Stelle des jetzigen Kugelgartens.
1576	Das kaiserliche Kammergericht setzt den Jagdbezirk der Stadt fest.
1617	Feier des ersten Reformations-Jubiläums.
	Während des dreißigjährigen Krieges kam Landau:
1622	in die Gewalt des Grafen Ernst von Mansfeld.
1623—31	in jene des Erzherzogs von Oesterreich.
1631	in die Hände des Königs Gustav Adolph von Schweden.
1633	in die Gewalt des Königs Ludwig XIII. von Frankreich.
1636	nahmen die Oesterreicher abermals die Stadt ein.
1639	Ueberfallen und plündern die Truppen des Herzogs Bernhard von Sachsen-Weimar die Stadt, worauf die Oesterreicher Landau wieder be-

Jahr	
	setzen, doch nur bis zum November d. J., wo die Franzosen die Stadt abermals einnahmen.
1648	Durch den „westphälischen Frieden" bekommt Frankreich das Schutzrecht über die zehn Reichs-Städte des Elsaßes, und sohin auch über Landau.
1673	Während des Krieges mit Holland und dem deutschen Reich läßt Ludwig XIV. Landau besetzen.
1678	Landau wird vom Herzog von Lothringen gestürmt und vollständig ausgeraubt.
1680	In diesem Jahre beginnen die vielen Bedrückungen jeglicher Art, welche die Stadt durch die französischen Militär- und Civilbehörden zu erdulden hatte. Begünstigung des Katholizismus durch die Franzosen.
1682	Das protestantische Kirchenwesen erhält den Namen „Ministerium", und der älteste Pfarrer jenen: „Senior."
1684	Die Juden errichten eine Synagoge.
1686	Befestigung Landau's durch Marschall Vauban.
1688	Der neue Kirchhof der Protestanten muß auf den Kaffenberg verlegt werden.
1689	23. Juni, großer Brand, wobei der größte Theil der Stadt in Flammen aufging.
1697	Friede zu Ryswick, welcher den Orleans'schen Krieg beendet, und durch den Landau mit seinen drei Dörfern völkerrechtlich und vertragsmäßig an Frankreich übergeht.
1698	Eintheilung der Stadt in vier Viertel.
1700	Erbauung einer Citadelle auf dem Kaffenberge, des sogenannten Forts, durch den Ingenieurenchef: Villars.
1701	Das Guteleuthäuschen abgebrochen.
1711	Erbauung der Galgenschanze (Cornichon) durch den österreicherischen Gouverneur Prinzen Alexander von Württemberg.

Jahr	
	Im spanischen Successionskriege wird Landau viermal belagert, und zwar:
1701	Vom Prinzen Ludwig von Baden, und vertheidigt durch den französischen General Melac.
1703	Vom französischen Marschall Tallard, und vertheidigt durch den österr. General Grafen Friese.
1704	Vom Prinzen Eugen von Savoyen, und vertheidigt durch den franz. General Laubanie.
1713	Vom franz. Marschall Bezons, und vertheidigt durch den österr. General Prinz Alexander von Würtemberg.
1730	Erbauung mehrerer Vorwerke durch französische Ingenieure.
1753	„Kapuziner" erbauen ein Hospitium in der Stadt, das sog. „Klösterle."
1756	Die französische Sprache hat die deutsche aus den Protokollbüchern verdrängt.
1784	Große Ueberschwemmung; und dadurch bedingte Regulirung des Queich-Bettes durch Ingenieur Favart.
1789	Ausbruch der französischen Revolution.
1790	Landau fällt in's Departement du Bas-Rhin.
	Landau sendet patriotische Geschenke nach Paris.
1791	Feier der Constitution.
	Errichtung einer Freiheitssäule auf dem Paradeplatz, (das sogenannte Jacöbche.)
1792	Abbruch der Dau- oder Dammühlen.
1793	Bombardement von Landau durch den Kronprinzen von Preußen und durch den österreichischen General Wurmser; die Festung vertheidigt durch General Laubadere, an dessen Seite Volksrepräsentant Denzel.
1794	Während Robespierre's Schreckensregierung

Jahr	
	wurde die Guillotine in Landau aufgerichtet, und stand mehrere Monate auf dem Paradeplatz. Ausleerung der Pfalz durch den Pariser Wohlfahrts-Ausschuß. 20. Dez. Explosion des Zeughauses auf dem heutigen Zimmerplatze, wodurch ungeheurer Schaden angerichtet wurde.
1799	Explosion eines Artillerie-Parks im Fort.
1804	Landau sendet zur Krönung des Kaisers Napoleon I. einen Abgesandten nach Paris.
1814	Im Januar. Erste Cernirung von Landau durch ein russisches Belagerungscorps; — die Festung vom französischen General Baron de Berrieres vertheidigt. Im April. Uebergabe der Festung an die Alliirten. Die Freiheitssäule abgebrochen. Landau unter Herrschaft der Bourbonen.
1815	Rückkehr Napoleons von der Insel Elba und Anerkennung desselben durch die Bürger und Garnison von Landau. Im Juni. Zweite Cernirung von Landau durch deutsche Truppen. Die Festung vom französischen General von Geiter vertheidigt. Im August. Uebergabe der Stadt an die Alliirten, und Besetzung derselben durch österr. Truppen. Im November. Zur deutschen Bundesfestung erklärt und an Bayern abgetreten.
1816	Am 1. Mai. Von Bayern in Besitz genommen, und von da unter kgl. bayr. Herrschaft.
1817	In Folge einer Mißernbte des Vorjahres große Theuerung und Hungersnoth.
1826	Theilung der Geraidewaldungen.
1831	Feierliche Uebergabe der Festung Landau an den hohen deutschen Bund.

Jahr	
1832	Politische Bewegung in der Pfalz.
1833	Assisen-Verhandlungen in Landau gegen Dr. Wirth und Dr. Siebenpfeiffer.
1848—50	Betheiligung der Pfalz an den politischen Ereignissen dieser Jahre.
1855	23. und 24. Oktober. Eröffnung der Maximilians-Eisenbahn.
1859	Die Festung Landau geht in die unmittelbare Verwaltung des hohen deutschen Bundes über.
1826—66	Viele militärische und städtische Neubauten. (siehe Schlußcapitel.)
1866	6. Mai. Gedächtnißfeier der 50jährigen Vereinigung mit Bayern.